Julia Varley

SHERAZADE (*O SONHO DE ANDERSEN*, 2004-2011), JULIA VARLEY

SAXO GRAMATICUS (*UR-HAMLET*, 2006-2009). JULIA VARLEY

KIRSTEN HASTRUP (*TALABOT*, 1988-1991; *CLARO ENIGMA*, 2014), JULIA VARLEY

UMA ATRIZ E SUAS PERSONAGENS

HISTÓRIAS SUBMERSAS DO ODIN TEATRET

Julia Varley

Tradução Marilyn Nunes

Copyright © Julia Varley
Copyright da edição brasileira © 2016, É Realizações
Título original: *Un'Attrice i suoi Personaggi: Storie Sommerse dell'Odin Teatret*

Editor
Edson Manoel de Oliveira Filho

Produção editorial
É Realizações Editora

Capa e projeto gráfico
Mauricio Nisi Gonçalves

Preparação de texto
Liliana Cruz

Revisão
Jane Pessoa

Reservados todos os direitos desta obra. Proibida toda e qualquer reprodução desta edição por qualquer meio ou forma, seja ela eletrônica ou mecânica, fotocópia, gravação ou qualquer outro meio de reprodução, sem permissão expressa do editor.

Cip-Brasil. Catalogação na Publicação
Sindicato Nacional dos Editores de Livros, RJ

V43u

    Varley, Julia, 1954-
        Uma atriz e suas personagens : histórias submersas do Odin teatret / Julia Varley ; tradução Marilyn Nunes. - 1. ed. - São Paulo : É Realizações, 2016.
    284 p. ; 23 cm.

        Tradução de: Un'attrice e i suoi personaggi: storie sommerse dell'odin teatret
        ISBN 978-85-8033-281-0

        1. Odin teatret. 2. Teatro - Semiótica. 3. Teatro - Aspectos antropológicos. 4. Comunicação intercultural. 4. Representação teatral. I. Nunes, Marilyn. II. Título.

16-37434   CDD: 792.028
                                                                   CDU: 792.028

28/10/2016   03/11/2016

É Realizações Editora, Livraria e Distribuidora Ltda.
Rua França Pinto, 498 · São Paulo SP · 04016-002
Caixa Postal: 45321 · 04010-970 · Telefax: (5511) 5572 5363
atendimento@erealizacoes.com.br · www.erealizacoes.com.br

Este livro foi impresso pela Intergraf Indústria Gráfica em novembro de 2016.
Os tipos são da família Adobe Garamond Pro e Trajan. O papel do miolo é o
Couche Brilhante 90 g, e o da capa, cartão Ningbo Gloss 250 g.

MR. PEAÑUT (*ANABASIS*, 1977-1984; *CATABASIS*, 1980-1986; *AS SALAS DO PALÁCIO DO IMPERADOR*, 1988-2000; *ODE AO PROGRESSO*, 1997-ATÉ HOJE; *O CASTELO DE HOLSTEBRO*, 1990-ATÉ HOJE; *AS BORBOLETAS DE DOÑA MÚSICA*, 1997-ATÉ HOJE; *MATANDO O TEMPO*, 2008- ATÉ HOJE; *AVE MARIA*, 2012-ATÉ HOJE), JULIA VARLEY, ELSE MARIE LAUKVIK

Crédito das fotos

OTA – Odin Teatret Archives

EMIDIO LUISI
PG.: 145

FIORA BEMPORAD
PGS.: 21, 56-57, 71, 142, 148-149, 153, 225, 226, 230-231, 238, 253, 257

FRANCESCO GALLI
PGS.: 172, 176, 182-183, 189, 236, 268-269

JAN RÜSZ
PGS.: 2, 4, 31, 53, 112, 115, 122, 129, 133, 134, 137, 138, 248, 249, 258, 259, 263, 270

MIRHAELA MARIN
PGS.: 240-241

RINA SKEEL
PGS.: 208-209

ROSSELLA VITI
PGS.: 14, 118, 121, 125

TOMMY BAY
PGS.: 3, 24, 155, 158-159, 165, 171, 196, 201, 214, 223, 264, 272

TONY D'URSO
PGS.: 7, 9, 10, 16, 32, 34, 44-45, 63, 74-75, 83, 100-101, 107, 110, 140-141, 235, 242, 245, 246, 250, 254, 260

ILSE KOCH/SRA. PEACHUM
(*CINZAS DE BRECHT*, 1980-1984;
AS GRANDES CIDADES SOB A LUA,
2003-ATÉ HOJE; *CLARO ENIGMA*,
2014), JULIA VARLEY

MULHER DE PRETO (*O MILHÃO*, 1978-1984; *CLARO ENIGMA*, 2014), JULIA VARLEY, SILVIA RICCIARDELLI

sumário

Premissa | 15

Prefácio | 17

UM RITUAL DE NASCIMENTO, POR MARILYN NUNES

Introdução | 25

PRIMEIRA PARTE: DOÑA MÚSICA

DOÑA MÚSICA: BREVE BIOGRAFIA DA PERSONAGEM | 33

VENTO AO OESTE: NOVELA DE UMA PERSONAGEM | 35

No Chile | 38
O Som do Trigo que Cresce | 40
A Orquestra | 42
O Marinheiro | 43
Ilhas e Tapetes | 43
As Saias | 47
O Bilhão | 47
Kafka | 49
Pedagogia | 51

Kipling | 51
Os Lobos | 52
Canções e Tapetes | 54
As Facas | 58
A Primeira Montagem | 59
A Sombra | 61
Um Dia I | 61
A Peruca | 62
O Processo | 62
Os Nós | 64
A Velha | 65
O Recém-Nascido que Está para Morrer | 66
Diálogo com o Mar | 66
Figurinos | 68
As Lembranças são Socos na Cara | 69
A Morte Bulldozer | 69
Andersen | 69
Um Dia II | 70
O Infinito | 72
A Simetria Destruída | 73
As Roupas do Povoado | 73
A Canção do Trigo | 76
O Princípio e o Fim | 77
Cansaço | 77
O Tempo | 78
Espectadores Cegos e Surdos | 78
Meus Primeiros Passos | 79
A Incubação | 80
A Porta, o Banquinho e a Bandeja | 82
No México | 82
O Candomblé | 83
O Tao da Física | 85
Saramago | 87
Pneumonia | 88
A Porta | 88
As Borboletas | 89
Fluir e Devir | 93

A Chuva | 95

Nossos Nomes | 95

Um Dia III | 102

Os Demônios | 103

Kill your Darlings | 103

Ressurreição | 105

A Morte do Cisne | 106

Retoque | 108

O Trigo | 108

Mudanças | 109

01.04.1993 | 109

Espectadores | 109

Última História | 111

De lagartas nascem as borboletas, do programa do espetáculo
As Borboletas de Doña Música | 113

As Borboletas de Doña Música, texto do espetáculo | 123

SEGUNDA PARTE: MR. PEANUT

Mr. Peanut: breve biografia da personagem | 139

2000: Theatrum Mundi | 143

2005: O Mar | 155

2011: O nascimento de Nikita: protesto e desperdício,
do programa do espetáculo *A Vida Crônica* | 173

2012: O abraço da ilusão, do programa do
espetáculo *Ave Maria* | 197

TERCEIRA PARTE: OUTRAS PERSONAGENS E PROCESSOS DE TRABALHO

O Tapete Voador | 227

Personagens Mais ou Menos Reais | *243*

premissa

Atriz ou ator? Como em meu livro *Pedras d'Água*, desde o título eu tive que escolher qual termo usar. Decidi "atriz", mesmo quando falo da profissão em geral. Minhas personagens podem ter características masculinas ou femininas e, por vezes, saltar de uma realidade para outra sem se preocupar com concordâncias gramaticais, mas para mim, como mulher, é importante subverter o uso atual e incluir o feminino no masculino universal. Os leitores homens talvez se sintam excluídos, como tantas vezes eu me senti quando se falava de homens de teatro e de livros, de atores e diretores. Com esta escolha desejo simplesmente contribuir para um reconhecimento mais evidente do papel das mulheres na história da profissão teatral.

DOÑA MÚSICA (*KAOSMOS*, 1993-1996; *AS BORBOLETAS DE DOÑA MÚSICA*, 1997-ATÉ HOJE; *NO ESQUELETO DA BALEIA*, 1996-ATÉ HOJE), JULIA VARLEY

DÉDALO (*MYTHOS*, 1998-2005; *DON JUAN NO INFERNO*, 2006), JULIA VARLEY, ROBERTA CARRERI, JAN FERSLEV

prefácio

UM RITUAL DE NASCIMENTO,
por Marilyn Nunes[1]

> *O poeta é um fingidor*
> *Finge tão completamente*
> *Que chega a fingir que é dor*
> *A dor que deveras sente.*
>
> Fernando Pessoa

Em *Uma Atriz e suas Personagens: Histórias Submersas do Odin Teatret*, a atriz Julia Varley apresenta suas personagens, com suas origens, características e gostos, relatando as suas histórias enquanto revela seu próprio percurso dentro do Odin Teatret, grupo ao qual pertence desde 1976. Ela compartilha o processo criativo dos espetáculos, alguns nos quais as personagens aparecem, outros que surgem após as personagens, e lança a pergunta: Onde termina a atriz e começa a personagem?

---

[1] Marilyn Nunes é atriz, professora, colaboradora do Nordisk Teaterlaboratorium e mestranda em Artes Cênicas pelo Instituto de Artes da Unesp

Sherazade foi a primeira personagem de Julia Varley que conheci. Isso foi em 2008, durante a apresentação do espetáculo *O Sonho de Andersen*. Ela apresentou-se próximo à minha cidade natal, no interior de São Paulo. Em 2009, eu que fui para a sua terra, em Holstebro, Dinamarca. Além de revê-la, também conheci Mr. Peanut, Doña Música, Mulher de Preto e Mulher de Branco, todas elas personagens a quem Julia Varley deu vida.

De Julia, a atriz dessas personagens, eu me recordo com grande força apenas de um encontro informal dedicado às mulheres. Nesse encontro ela perguntou a todas nós qual era o nosso sonho. Eu, que fui ao evento no papel de atriz, me senti atingida no nível mais pessoal.

De volta, em 2012, revisitei todas as personagens, menos Sherazade, que tinha sido aposentada junto com seu espetáculo, o que me causou grande pena. Mas apresentaram-me Nikita, de um espetáculo recém-estreado, chamado *A Vida Crônica*. Essa visita durou um ano e me deu a oportunidade de acompanhar o nascimento de outra personagem, chamada Morte, e de ver Mr. Peanut em um novo contexto, no espetáculo *Ave Maria*.

Durante esse tempo participei de um ritual de nascimento (nome que acabo de criar). Tratou-se de um período de dez dias de trabalho intenso que antecedeu o nascimento do espetáculo para o público, a sua estreia. Eu estava no grupo de vinte diretores que acompanharam esse processo, que se iniciava pela manhã com um ensaio corrido. Era incrível para mim vê-lo sendo mostrado às nove da manhã, porque eu sabia que era necessário muito tempo de preparação. Acordávamos e dirigíamo-nos para a sala preta, enquanto a atriz, Julia, já estava lá, pronta, nos esperando.

Na parte da tarde, Eugenio Barba, o diretor, trabalhava nas cenas e ações específicas, sempre dialogando com a atriz em nível prático. Depois íamos para a sala branca, somente nós, os participantes e o diretor, e conversávamos sobre a criação e a direção do espetáculo. Expúnhamos ideias e questionávamos suas decisões; Barba mostrava-nos filmes, contava-nos histórias sobre o processo, ampliando assim a nossa percepção de direção teatral. Às seis horas da tarde, após o encontro com o diretor, eu retornava à sala preta, para ajudar a atriz. Ficávamos trabalhando no cenário, no figurino e nos adereços até as onze da noite, meia-noite, duas, quatro da manhã. Lembro-me do véu preto e da camisa vermelha da Morte, ambos sempre encharcados de suor. Eu costurava o figurino enquanto o suor da atriz secava, e pensava o quanto dela estava ali, permeado naqueles figurinos, materializando-se nessas personagens. Depois de poucas horas de sono, eu voltava à sala preta para assistir ao ensaio da matina. Sentia-me cansada, mas quando via Julia pronta para o ensaio corrido, eu tinha vergonha da minha fadiga.

Entre o ensaio corrido e o trabalho nas cenas em separado, víamos a atriz com seus olhos esgotados, o semblante abatido, a mudez total e o desconforto de quem não concorda com certas decisões do diretor. Durante esse ritual de nascimento ela teve febre, mas nunca faltou aos ensaios. Ela teve desespero – víamos que ainda percorria um caminho que era como um labirinto que mudava o seu curso o tempo todo. Por conta da caracterização das personagens Morte e Mr. Peanut, Julia estava sempre coberta, não sendo nunca possível ver seus olhos, e ela também não podia nos ver, o que a afligia. Debaixo do véu preto da Morte escorriam lágrimas, como vim a saber depois. Porém, em uma das tardes, depois de dias de intenso trabalho e poucas horas de sono, a atriz parou a cena com uma forte pisada com o pé direito no chão, arrancou o véu que encobria as lágrimas e correu para o lado onde ficava a porta. Não olhei, somente escutava o soluçar do seu choro contra a parede enquanto o restante de nós fazia silêncio absoluto. Eu também chorei.

Faço alusão a um ritual de passagem porque é como se o nascimento do trabalho artístico fosse permeado por desafios e dores individuais. Tínhamos que aceitar que era parte do processo. Estávamos testemunhando, mas não podíamos agir, apenas respeitar a sua dor. Naquele momento eu recordava-me de uma cena do espetáculo em que a Morte estica um fio dourado, o fio da vida e, ao fundo, ouve-se a voz da atriz chilena María Cánepa dizendo que ela se dedicou ao ofício do teatro durante sessenta anos de sua vida, interpretando papéis e obedecendo ao diretor, e que, se lhe perguntassem, diria que sim, ela faria tudo outra vez. Na cena, sendo puxado pela Morte, o fio dourado rompia-se, simbolizando o fim da jornada. Eu sabia que essas palavras, que faziam parte do espetáculo, eram também compartilhadas por Julia. Então, quando penso em um livro sobre as personagens de quatro décadas de trabalho dedicadas ao teatro, penso na vida dessa atriz. Sei que uma artista quer ser lembrada por sua obra, e Julia, por suas personagens.

Em quase todas as ocasiões em que trabalhamos juntas, ela como diretora e eu como atriz, Julia Varley sempre conduziu um fio que saía dos materiais propostos para o espetáculo e amarrava-o à minha pessoa, na busca pela minha motivação pessoal. A ficção e a pessoalidade estão sempre conectadas nos processos criativos do Odin Teatret. Este livro pode ser a apresentação de todas as personagens de Julia Varley, e pode ser a apresentação da vida de uma atriz; pode ser como essa atriz criou as suas personagens, ou como as personagens fizeram de Julia uma atriz.

No final de 2012, mesmo já sabendo a resposta, perguntei a Julia se ela tinha o livro *Vento ao Oeste* traduzido em português, e ela respondeu-me: "Não. Você quer traduzi-lo?". Aceitei, aliás, já tinha aceitado antes da pergunta e creio que a autora percebeu isso nas entrelinhas da minha fala. Este era um livro pequeno, eu havia traduzido uma parte como teste e percebi que poderia fazer o trabalho. Como tudo o que vivo com o Odin Teatret, o trabalho multiplicou-se.

O que era um livro virou uma parte, a Primeira Parte do total de três que compõem este livro. Ela trata do nascimento da personagem Doña Música, que surgiu com o espetáculo *Kaosmos*, apresentando uma narrativa conduzida pela própria personagem, que obedece à ordem caótica dos acontecimentos reais. Doña Música conta como foram as suas primeiras manifestações de vida e o surgimento dos elementos que permearam a criação do espetáculo: viagens, fotografias, memórias, filmes, imagens, músicas, objetos e pessoas. Ela transporta-nos para a sala de ensaios, apresenta a sua atriz, seus colegas de trabalho, o diretor e o processo criativo. Ainda nessa parte, Doña Música expõe como criou o seu próprio espetáculo,

MULHER DE BRANCO (*O CASTELO DE HOLSTEBRO*, 1990-ATÉ HOJE; *EGO FAUST*, 1996; *DON JUAN NO INFERNO*, 2006), JULIA VARLEY

As Borboletas de Doña Música, conseguindo ultrapassar o tempo de vida do espetáculo que a originou.

Depois da tradução de *Vento ao Oeste*, Varley pediu-me para traduzir o programa do seu espetáculo solo *Ave Maria* – que é proveniente também de outro espetáculo de grupo, *A Vida Crônica* – para o português, e os outros textos que seguiriam essa empreitada seriam a Segunda Parte deste livro. Nela é a atriz Julia que toma a narrativa, apresentando-nos Mr. Peanut, a personagem que mais a vem acompanhando em sua história, estando em diversos espetáculos como *O Castelo de Holstebro*, nos espetáculos do Theatrum Mundi, nas paradas de rua da Festuge – a semana festiva de Holstebro – e em *Ave Maria*. Também está presente Nikita, a personagem do espetáculo *A Vida Crônica*, e um artigo intitulado "O Mar", em que Varley compartilha o turbilhão criativo que é permeado por palavras soltas, imagens, necessidade de se realizar algo, prazos para escrever, um festival para acontecer, acasos de lugares, objetos e músicas. E tudo se realiza. Mr. Peanut mostra-nos a sua capacidade de estar em espetáculos e contextos diferentes, e Julia apresenta o processo de criação de *Ave Maria*, compartilhando os acontecimentos e motivações pessoais que a levaram a decidir criar este solo.

Já a Terceira Parte é composta por dois textos: *O Tapete Voador* e *Personagens Mais ou Menos Reais*, que só vieram a existir no decorrer da elaboração do próprio livro. O primeiro leva o nome de uma demonstração técnica e apresenta a relação entre as demonstrações e os espetáculos. Mr. Peanut, por exemplo, surgiu de uma demonstração, já outras demonstrações, como *O Irmão Morto*, surgiram dos espetáculos. *Ventos que Sussurram* e *Eco do Silêncio* nasceram, respectivamente, das seguintes perguntas: "Como o diretor trabalha num espetáculo do Odin Teatret?", e "Como as dificuldades podem transformar-se em estímulos criativos?". O segundo texto é um diálogo entre todas as personagens, das mais importantes às menos – no sentido de terem existido por pouco tempo. Elas revelam as suas questões acerca do que são, do que gostam, como veem o mundo, a sua relação com a atriz e a sua forma de existência. São as personagens que falam sobre Julia e colocam-se como muito mais importantes, porque as suas vidas – teatrais – são mais interessantes, mesmo porque elas nunca morrerão.

Nestas páginas Julia mostra que, no processo criativo do Odin Teatret, o acaso é um grande amigo. Quando a atriz coloca-se em estado criativo, permite que todas as interferências, desde músicas que se ouve nas ruas até um texto que lhe é ofertado por diversas razões, dialoguem e façam parte do seu material. A personagem também surge assim: seja pela primeira ideia que se teve (e que no estado criativo é materializada), seja por uma história, por uma lembrança, por alguém que encontra por acaso e lhe diz algo, um exercício, uma dança ou uma forma de caminhar. Há a técnica, mas é uma técnica que lida com todas as questões humanas, vontades, desejos, necessidades, limitações e conflitos. As histórias vividas pela atriz estão impressas em suas personagens. Há toda uma gama de interferências que atua no processo e que define o resultado, às vezes pela sua permanência nele, e, muitas outras vezes, pela sua exclusão. O processo de criação é um confronto da artista consigo mesma, com seus colegas, com seu diretor, e o que importa no fim é que tudo conflua para a personagem e o espetáculo nascerem. Nos relatos de Julia Varley aprendemos que é preciso abrir mão de algumas coisas e lutar por outras até o fim, é preciso escutar e ceder, conseguir fazer tecnicamente mas respirar com todo o corpo e, principalmente, encontrar para cada ação cênica uma motivação pessoal.

Estas histórias submersas não são encontradas em livros histórico-conceituais de teatro, antes, elas advêm das páginas do diário de trabalho da atriz, das memórias reveladas aos mais íntimos e da lembrança biográfica pertencente àqueles que experienciaram o ritual de nascimento da atriz e das personagens. Varley consegue neste livro, seguindo uma fiel ordem caótica pertencente aos acontecimentos reais, com todos os seus pormenores e sensações, compartilhar de forma generosa e corajosa todas as histórias de suas personagens, e suas próprias histórias junto ao teatro – as tantas que compõem a Sua História –, justamente aquelas que não pertencem à ponta do iceberg, ou seja, ao espetáculo teatral.

CLOTO (*O CASAMENTO DE MEDEIA*, 2008),
JULIA VARLEY, I WAYAN BAWA

introdução

No momento de assistir a um espetáculo de teatro, os espectadores encontram-se em frente à ponta de um iceberg. A massa que sustenta a ponta está submersa e muitas vezes é ignorada e esquecida. Todo o processo – os caminhos labirínticos, as influências, as relações entrelaçadas, as coincidências, os ensaios, os erros, as indicações a seguir, casual ou intencionalmente, as crises de euforia ou desespero, as descobertas que se revelam como becos sem saída, o material eliminado ou remodelado até ficar irreconhecível – está solidificado no resultado.

No meu trabalho como atriz, uma fase fundamental durante os ensaios é a repetição, que permite incorporar cenas e textos, partituras e músicas, a fim de "esquecer" tudo o que até então foi utilizado para produzi-los. Assim, eu estou livre para me concentrar no presente e no relacionamento em curso com as outras atrizes e com os espectadores.

Esquecer, inconscientemente, faz-se necessário para se chegar ao resultado, e é útil para dedicar-se ao *aqui* e *agora*, qualidades essenciais do teatro. No entanto, conhecer o enredo dos acontecimentos anteriores é uma forma de se lembrar de que não há no processo criativo uma autoestrada aplainada ou um atalho astuto para o crescimento de um espetáculo de teatro. Nos momentos de desânimo, quando nada parece funcionar e todos os caminhos parecem não ter saída, a experiência das dificuldades do passado nos ajuda a perseverar.

Isso é ainda mais verdadeiro no Odin Teatret, onde muitas vezes não há uma trama narrativa ou um texto já escrito como ponto de partida. É durante os ensaios que surgem os diferentes aspectos da dramaturgia – tanto como história quanto como experiência visual e auditiva –, cuja interpretação final está nas mãos de cada um dos espectadores. Ao palimpsesto do processo adiciona-se a leitura caleidoscópica do resultado, sendo difícil expor em palavras a experiência, a menos que você tome a liberdade interpretativa dada pela poesia. Descrever levaria mais tempo do que fazer. A ação cênica, no entanto, pode expressar informações ao mesmo tempo divergentes e contraditórias, misturando tempos e lugares, paisagens e sons, musicalidade e ritmo, palavras, conceitos e percepções.

Normalmente, do longo período de ensaios, nós preferimos memorizar apenas o momento em que o paraquedas se abre, durante aquilo que vivemos como um voo em queda livre. Mas agora, depois de celebrar o cinquentenário do Odin Teatret, vamos trabalhar em um novo espetáculo e eu encontro-me novamente enfrentando a criação de uma personagem que tem um nome que já imagino que mudará. Com suas histórias submersas, as minhas personagens passadas me avisam para eu não ser impaciente. Elas me lembram de orientar-me confiando nos sinais que surgem a partir da concretude do trabalho.

Este livro é composto por histórias *esquecidas*, porque elas são a parte submersa de alguns espetáculos do Odin Teatret. Através de vários relatos e artigos, algumas de minhas personagens esforçam-se para trazer a imagem de labirinto intrincado do processo criativo. Recolho um conjunto de informações que talvez deem ao leitor uma ideia do que consiste a massa submersa do iceberg.

Na minha história de atriz do Odin Teatret há mais espetáculos que personagens. A minha presença em cena nem sempre traz o nome de uma personagem, e algumas personagens repetem-se em vários espetáculos, exatamente iguais ou assumindo outras formas. Algumas personagens cujos espetáculos não mais existem permanecem vivas através das cenas das minhas demonstrações de trabalho.

O Odin Teatret é um grupo particular, o resultado de um confronto que dura mais de cinco décadas entre um punhado de atrizes e seu diretor, Eugenio Barba. Essa realidade tem consequências artísticas. A estruturação dos nossos espetáculos depende da composição do grupo, do encontro entre as atrizes veteranas e, no máximo, de um par de novas atrizes já integradas há alguns anos em nossas atividades diárias. Não contratamos atrizes para as partes da peça que se pretende encenar. No Odin Teatret o repertório permanece o mesmo durante muitos anos. Um espetáculo desaparece quando uma ou mais atrizes não substituíveis deixam o grupo por uma razão essencial: formar uma família em outro país, estar debilitada por doença, morrer ou decidir mudar de vida. Também pode ser que um espetáculo elimine outro do repertório, quando o novo deve prevalecer sobre o antigo, como aconteceu com *O Sonho de Andersen* em 2011, quando *A Vida Crônica* já estava pronta para estrear.

Assim, as personagens que eu interpretei desde 1976, ano em que entrei no Odin Teatret, até 2016, ano em que envio este livro para publicação, são menores em números que em espetáculos. Algumas acompanham-me desde sempre, outras viveram por apenas alguns meses: Mulher de Preto (*O Milhão*, 1978-1984; *Claro Enigma*, 2014), Mulher de Branco (*O Castelo de Holstebro*, 1990-até hoje; *Ego Faust*, 1996; *Don Juan no Inferno*, 2006), Ilse Koch/ Sra. Peachum (*Cinzas de Brecht*, 1980-1984; *As Grandes Cidades Sob a Lua*, 2003-até hoje; *Claro Enigma*, 2014), Joana d'Arc (*O Evangelho segundo Oxyrhincus*, 1985-1987; *Claro Enigma*, 2014), Kirsten Hastrup (*Talabot*, 1988-1991; *Claro Enigma*, 2014), Mr. Peanut (*Anabasis*, 1977-1984; *Catabasis*, 1980-1986; *As Salas do Palácio do Imperador*, 1988-2000; *Ode ao Progresso*, 1997-até hoje; *O Castelo de Holstebro*, 1990-até hoje; *As Borboletas de Doña Música*, 1997-até hoje; *Matando o Tempo*, 2008-até hoje; *Ave Maria*, 2012-até hoje), Doña Música (*Kaosmos*, 1993-1996; *As Borboletas de Doña Música*, 1997-até hoje, *No Esqueleto da Baleia*, 1996-até hoje), Dédalo (*Mythos*, 1998-2005; *Don Juan no Inferno*, 2006), Sherazade (*O Sonho de Andersen*, 2004-2011), Saxo Gramaticus

(*Ur-Hamlet*, 2006-2009), Cloto (*O Casamento de Medeia*, 2008) e Nikita (*A Vida Crônica*, 2011-até hoje).

Este não é um livro técnico. Em *Pedras d'Água*, publicado em 2006, tentei revelar os segredos do ofício. Eram exemplos práticos relativos à presença cênica, à criação de materiais através da composição e improvisação, à interpretação do texto ou da personagem, à colaboração com o diretor, à criação de espetáculos. Me empenho agora em não me repetir. Para aqueles que querem saber como trabalho e crio uma personagem, respondo que tenho a sensação de que são elas quem assumem a liderança, para me orientar e decidir: as personagens são as minhas mestras.

Então, dessa vez, retomo os textos de *O Vento ao Oeste*, publicado em 1996, para dar palavra às minhas personagens, concedendo-lhes a liberdade de não construir um discurso pedagógico coerente. Os seus recontos dos meses de gestação misturam-se com o emaranhado da minha memória dos caminhos entrelaçados que elas mesmas me fizeram seguir para chegar a um ou mais espetáculos. Através de elementos dispersos, a intenção deste livro é uma aproximação a um essencial intangível: Como é possível imaginar, inventar, modelar, seguir a sua intuição e confiar no conhecimento técnico e na experiência para realizar formas teatrais que possuam um sentido para o espectador?

No livro expressam-se em particular duas das minhas personagens que pertencem a diferentes espetáculos: Doña Música e Mr. Peanut. Elas têm aspectos diferentes, mas algo em comum: elas são diferentes manifestações da Morte. Reconhece-se Doña Música pela longa peruca branca, pelo rosto maquiado e pelos sapatos de salto alto. Mr. Peanut é conhecido como um arquétipo do Odin Teatret com uma cabeça de caveira, mas em *Ave Maria* ele tira a máscara para, com um véu, obstruir o meu rosto de atriz.

Uma Atriz e suas Personagens está dividido em três partes. A primeira parte é escrita por Doña Música, a personagem criada em 1993 para o espetáculo de grupo *Kaosmos*, e que continua a existir no espetáculo solo *As Borboletas de Doña Música*. Doña Música narra as origens e o processo de trabalho de *Kaosmos* com a coleção de trechos intitulada *Vento ao Oeste*, à qual se adicionam os artigos do programa do espetáculo *As Borboletas de Doña Música*.

A segunda parte é dedicada a Mr. Peanut, a personagem surgida em 1976 como um esqueleto que balança em uma longa vara no espetáculo de rua *Anabasis*, sendo então encarnado por mim, sobre pernas de pau, em *Anabasis, Catabasis, As Salas do Palácio do Imperador* e em *O Castelo de Holstebro*. Ela continuou a desenvolver-se com as aparições e curtas intervenções em muitas situações inusitadas, além de estar nos espetáculos *Ode ao Progresso, As Borboletas de Doña Música, Matando o Tempo* e *Ave Maria*. Os recontos de Mr. Peanut são organizados pelos anos, seguindo um curso tortuoso que começa com *Ego Faust* e deságua na Morte, que realiza uma cerimônia para a atriz chilena María Cánepa, em *Ave Maria*. Essa segunda parte do livro transita também pelos espetáculos do Theatrum Mundi, pelas paradas da Festuge (semana festiva de Holstebro) e pelo espetáculo de grupo *A Vida Crônica*, no qual também participa a personagem da viúva chechena chamada Nikita.

A terceira parte de *Uma Atriz e suas Personagens* enfrenta a transição de uma realidade para outra que acontece em cena e fora dela, entre a atriz, a personagem e a pessoa. As demonstrações de trabalho explicam aos espectadores que os vários procedimentos técnicos são espetáculos baseados no efeito que essa passagem provoca. A lógica da presença cênica confronta-se com aquela da explicação. Os critérios de poesia contrapõem-se à necessidade de transmitir informações. A terceira parte do livro termina com um capítulo em que todas as minhas personagens discutem entre si para encontrar uma definição que seja válida para cada uma delas sobre o que é a sua identidade.

A verdade delas pertence ao processo criativo, que tem sua razão de ser na mente e na lembrança dos espectadores. Os espectadores não precisam conhecer a parte submersa do iceberg. Eles também podem esquecer-se disso, como faz a atriz. Então, seus pensamentos e suas emoções estão livres para seguir as personagens que brincam nas ondas e correntes e vivem como anfíbios, capazes de respirar dentro e fora d'água.

PRIMEIRA PARTE

Doña Música

DOÑA MÚSICA EM *AS BORBOLETAS DE DOÑA MÚSICA*

DOÑA MÚSICA EM
A BORBOLETA DE DOÑA MÚSICA, JULIA VARLEY

capítulo 1

DOÑA MÚSICA:
BREVE BIOGRAFIA DA PERSONAGEM

Doña Música é uma das personagens do espetáculo *Kaosmos*, apresentado pela primeira vez em 1993. Seu nome é inspirado na personagem de *Le Soulier de Satin*, de Paul Claudel. O seu rosto maquiado tem uma cor muito clara, ela usa uma peruca branca comprida, tem os sapatos de salto alto cobertos pela longa roupa, tem um vestido de seda preto enfeitado com laços coloridos e uma capa árabe com bordados prateados. É uma velha que muitas vezes comporta-se como uma criança. Em 1997, o espetáculo *As Borboletas de Doña Música* foi construído porque a personagem recusou-se a morrer quando, em 1996, *Kaosmos* deixou de existir. A sua voz, de inspiração japonesa, pertence ao espaço e é uma das características que mais identifica essa personagem. Ela é muito teatral e pouco realista, talvez porque tenha interesse em física subatômica e em uma realidade em contínua transformação.

KAOSMOS, JULIA VARLEY

capítulo 2

VENTO AO OESTE:
NOVELA DE UMA PERSONAGEM

Codiponte, janeiro de 1994.
Capri, julho de 1995.

Um fantasma vaga pela Europa...

O fantasma está envelhecido. Bate às portas, mas ninguém quer recebê-lo.

Fantasmas jovens e ousados que assustam e encantam, fantasmas velhos que não provocam nem pena, espíritos e sombras, recordações e pensamentos, almas e ideais, habitam nossa história. Vagam sem encontrar o seu lugar, transformando-se naquilo que não eram. O que queriam sempre se entenderá depois. Ficam as perguntas que cada um deles deixa como herança.

Caem os muros, os partidos mudam de nome, quem estava no poder é executado, o que parecia imutável muda repentinamente. Explodem as guerras, os grandes se unem enquanto os pequenos se separam, a cidade de Rostock torna-se famosa porque os jovens rebeldes atacam as casas dos imigrantes. E cria-se um espetáculo de teatro.

Eu também sou um fantasma, um espírito, uma sombra. Mas não bato de porta em porta, mas vejo outros que assim o fazem. Sorrio, dou risada, consolo, suspiro e espero com eles. Outras vezes, ao contrário, eu, curiosa, fico aqui sentada e espio vocês. Vocês que ainda não existem e que querem saber e debater o que aconteceu. Vocês que não passarão pela experiência, mas que querem ter o direito de conhecer e recordar. Eu olho para o futuro dessa nossa história e me pergunto o que restará. Continuo a olhar vocês. Meus olhos se enchem de ironia, minha boca quer sorrir e falar. Tenho gana de contar coisas sobre pessoas e eventos os quais tenho acompanhado. O que agora é um espetáculo, o que era? O que agora tem um título, *Kaosmos*, de onde vem? O que alguns milhares de espectadores têm assistido e se lembram, para onde irá?

Imagino que eu, o fantasma, o espírito, a sombra, sempre existi. Tudo muda e transforma-se. Meu ser tinha outros aspectos e a história da qual me lembro é confusa. Mas é exatamente essa confusão a minha forma. E é desse caos que nasce um cosmo. Também foi assim que se criou o espetáculo *Kaosmos*, do Odin Teatret.

Como qualquer fantasma, elejo a morada de onde surgir. A casa onde eu vivo é o teatro. Hoje me chamo Doña Música e sou uma das personagens de *Kaosmos*. Meu nome é inspirado na personagem do livro *Le Soulier de Satin*, de Paul Claudel, uma princesa que sussurrava "quem não sabe falar, que cante". Mas como eu nasci? Foi a atriz Julia quem me deu vida? Ou fui eu, a personagem, quem revelou a atriz? Foi a atriz quem moldou sua energia, transformando-a em Doña Música? Ou fui eu, Doña Música, quem modulou a energia da atriz? Essas perguntas não ajudam a encontrar respostas, porque a personagem – como o espetáculo – é uma potencialidade, uma tendência a existir, como aquelas partículas que saltam e dançam em um átomo. A personagem é algo que está entre a ideia de um evento e o próprio evento, uma estranha espécie de entidade física justo no meio, entre possibilidade e realidade.

O processo de criação de *Kaosmos* foi repleto de imprevistos, como se pertencesse àquele mundo subatômico onde a matéria não é encontrada com exatidão em lugares bem precisos, e sim mostra uma tendência de ser encontrada em um determinado lugar, e eventos não ocorrem com certeza em instantes e modos determinados, mas apontam a sua tendência a ocorrer.

Como posso contar a vocês tudo isso? Tudo o que se diz para descrever uma experiência é limitado, não é um aspecto da realidade, e sim da criação mental, é parte do mapa, não do território. Serei tendenciosa: nem tudo pode ser dito e devo falar do que eu conheço melhor. Em *Kaosmos* há mais oito personagens e cada uma delas poderia adicionar à minha outras histórias contrastantes, opiniões opostas e detalhes importantes. Também tem os espectadores, cada um com sua história e lembrança. Meu relato não é dirigido a quem conheceu *Kaosmos* ou a quem nunca viu o espetáculo, mas àqueles que queiram imaginar o que permanece nas entrelinhas e ter uma ideia confusa de como pode ser um processo criativo.

Kaosmos teve a sua primeira apresentação oficial pelo Odin Teatret em Holstebro, Dinamarca, em 1º de abril de 1992. Volta o meu sorriso. Será uma piada? É aquela a data de nascimento de um espetáculo? Aquele é o dia em que pensamos poder conhecer algo que continua, contudo, seu curso de transformação.

Retrocedo no tempo para começar o relato de histórias confusas. Eu poderia contar a história da porta, dos lenços, dos livros, do figurino, da velha, do diretor, das atrizes, dos materiais, do trigo, do tapete, do espaço, da luz, da música... mas prefiro contar a confusão. Eu poderia contar a história do diretor ou aquela de Eugenio Barba. Poderia contar a história das personagens, de suas atrizes, ou aquela de Kai Bredholt, Roberta Carreri, Jan Ferslev, Iben Nagel Rasmussen, Tina Nielsen, Isabel Ubeda, Julia Varley, Torgeir Wethal e Frans Winther enquanto trabalhavam para criar *Kaosmos*. E eu que narro, quem sou? A personagem Doña Música? A atriz? Ou Julia?

Utilizo a primeira pessoa: eu sou Doña Música – e não sou ela. Sou e não sou. Avanço e retrocedo no tempo. Exatamente como aquelas partículas que saltam e dançam em um átomo. Por isso digo que sou um fantasma, um espírito, uma sombra, algo que não se pode conhecer e compreender. Não se pode medir a sombra de uma pessoa, a fotografia de um espírito não pode ser publicada e os relatos de um fantasma não podem ser averiguados.

Em *Le Soulier de Satin*, Claudel faz falar sua Doña Música: "Quando não se pode servir-se da palavra mais do que para discutir, por que não perceber que através do caos há um mar invisível à nossa disposição?". Dizem que o caos é a arte de construir a complexidade partindo de elementos simples. O caos obriga a ver novamente, é criador de forma, de informações e de uma ordem escondida, imprevisível, mas indiscutível. Uma ordem misteriosa e paradoxal que os cientistas definem com o termo "atrator estranho".

Equivoca-se quem pensa que o "atrator estranho" de *Kaosmos* é o diretor, Eugenio Barba. Porque o "atrator estranho" trabalha com a liberdade de seguir sua misteriosa lógica e de criar sua própria ordem, Eugenio Barba pode seguir as linhas ocultas apresentadas pelas atrizes e a desordem de suas próprias imagens. Exatamente porque a experiência tem ensinado a Eugenio que o bater das asas de uma borboleta no Japão pode provocar um furacão na Dinamarca. Ele é um grande diretor que sabe deixar o "atrator estranho" trabalhar, dando espaço e vida àquilo que o espetáculo decide por si só.

O "atrator estranho" é como uma mente que cria, um cérebro que não é encontrado em nenhum lugar, empenhado em manter vivos as células, o sistema e o corpo do espetáculo, que, nesse caso, mais tarde se chamaria *Kaosmos*.

Eu sou a sombra que se abandona às correntezas, que persegue os ventos e perde-se no nevoeiro desse "atrator estranho" para recordar e recontar pequenas e simples histórias. Espero que você possa desfrutar das histórias e que ao final elas possam dar uma imagem da simplicidade que as envolve a si mesmas até virar o caos que se transforma em cosmos ou criação, ou seja *Kaosmos*. Lá vai! Agora começo de verdade:

1. No Chile

Estávamos no Chile em dezembro de 1998 e o general Pinochet ainda comandava a ditadura. Andando no cemitério de Santiago, vimos os túmulos de Victor Jara, Violeta Parra e Pablo Neruda.

Num outro dia, fomos com uns amigos de carro a um cemitério fora da cidade, visitar o túmulo de Salvador Allende. Em sua lápide havia outro nome, e no chão, muitas flores vermelhas. Deixamos as nossas também.

Em um outro dia, fomos a um bairro de periferia para conhecer Mariano Puga e assistir à sua missa. A igreja era um barraco de madeira. Dentro dela tinha uma moça fumando, uma árvore de natal e bancos. Nas paredes havia fotografias com as maravilhas do mundo e mapas. Pouco a pouco chegavam pessoas, sentavam-se e conversavam. Alguém tocou o sino. Vendo que havia estrangeiros, apresentaram-se. Nós fizemos o mesmo. Não era fácil mostrar a localização da Dinamarca em seus pequenos mapas.

Mariano estava atrasado. Quando chegou – cabelos brancos, calça jeans, rosto aristocrático, alto, bonito, olhos azuis curiosos – começou a tocar acordeão. Os demais da igreja cantavam. Logo houve uma discussão sobre os problemas locais e uma troca de ideias sobre o significado do Natal. Eles eram contra o *Viejo Pascuero*, o Papai Noel, pois era uma invenção dos Estados Unidos, mas estavam felizes com a árvore de natal com neve artificial que foi um presente enviado por algumas crianças francesas. "Quem luta contra a injustiça? O Papai Noel?", perguntava Mariano, e todos respondiam em uníssono: "Nãooooooooooo!". "O menino Jesus?" "Simmmmm!". Era tarde para dar a comunhão e Mariano teve de perguntar se eles teriam tempo. Responderam que sim, e homens, mulheres e crianças puseram-se em fila diante da mesa para receber um pedaço do pãozinho dividido e um gole de vinho. A última pessoa pegou o último pedaço de pão. O pão havia sido partido no número exato de pessoas, como um modo de mostrar a justeza e a sorte dos milagres. Em seguida, Mariano nos perguntou se sabíamos canções natalinas dinamarquesas. Sem demora, Eugenio começou a cantar *La Strada nel Bosco*, uma canção de duplo sentido do sul da Itália. Julia acompanhou Eugenio, que, entusiasmado, passou a fazer a segunda voz. Mariano percebeu que a canção era italiana e que não tinha muito a ver com o Natal. Isso ele nos contou depois, rindo, enquanto íamos para a sua casa tomar um chá.

Lá, enquanto falávamos do Chile, da ditadura, das viagens, do nosso teatro, o tempo todo entrava gente para fazer perguntas. Acompanhando-nos à estrada principal para tomar um táxi, Maria explicava-nos a sua preocupação com a droga que havia chegado nos bairros de periferia, onde os jovens usavam de tudo. Mariano havia sido oficial do Exército e instrutor militar de Pinochet. Depois tornou-se padre e passou pela prisão e pelo exílio. Agora, a sua igreja e a sua casa eram pequenas cabanas cheias de pessoas em um bairro pobre de Santiago.

Naqueles dias, a personagem de Iben para um novo espetáculo poderia ser Violeta Parra, e a história a contar: a de Jesus que retornava à Terra, na América do Sul. Outra personagem era Borges. Alguns anos depois, o diretor, vendo trabalhar as quatro atrizes veteranas, imaginou um encontro entre Stanislavski, Brecht, Artaud e Craig. No novo espetáculo as mulheres deviam ser aqueles homens de teatro.

2. O Som do Trigo que Cresce

Ainda no Chile, Eugenio viu um vídeo com o documentário produzido por Claudio di Girolamo sobre Romero, um padre "pobre", e sua morte em decorrência de uma bala perdida da polícia. Desse vídeo lembrei-me particularmente de duas frases: "*los pueblos merecen tener sólo lo que saben defender*" (os povos merecem ter somente o que sabem defender) e a frase que Carolina, uma freira, disse: "Ouve-se o som das paredes que caem, mas não se ouve o som do trigo que cresce".

Estamos em Milão, na igreja desconsagrada de San Carpoforo, e o diretor fala desse vídeo a nós, atrizes em turnê com o espetáculo *Talabot*. O trigo que cresce também é o tempo que passa. No teatro, o problema do tempo – de como recriar no espectador a experiência da passagem do tempo da vida – é um dos desafios mais fascinantes.

Escutamos a gravação de uma mulher que eu reconheci como um dos cantos de *Les Voix Bulgares*. O diretor pergunta às atrizes em que país e em que circunstância a mulher está cantando. Lembro-me das respostas. Julia: uma mulher canta das montanhas para dizer aos filhos, que foram embora, que o pai deles morreu, na Tchecoslováquia; Torgeir: depois do terremoto o povoado não existe, resta somente um terço de uma pequena igreja com uma pequena varanda, o órgão e o púlpito, de onde uma mulher canta sobre o amanhecer do sol enquanto outra velha tenta escutar, na Armênia. Richard: uma sereia dos nossos dias caminha por Nova York e, como ninguém a escuta, ela tenta atrair as pessoas, dizendo que ali haverá um terremoto; Iben: uma mulher, que perdeu seus filhos guerrilheiros durante a ditadura, foi à montanha, ela canta e se lamenta a Deus, na Grécia; Jan: uma jovem mulher que está perto de perder o marido canta com seu filho, para fazê-lo voltar, o marido se vira, mas não sei se ele retorna ou não, em Israel-Palestina; Cesar: uma mãe canta porque vieram tomar a sua filha, que deve se casar, é uma estrada de terra, a mãe está em frente à sua casa e ao longe está o cortejo que vai para igreja com a sua filha, era uma cigana, porém não mais, poderia ser na Índia, na Hungria, na Grécia, é durante o verão, é um canto de alegria e dor; Naira: uma velha mulher cega canta na praia, é sueca e quer ir à América do Sul, canta para chamar a barca.

Eugenio diz que a canção vem de uma reportagem de televisão sobre o Afeganistão, com entrevistas com os pais de soldados russos que combatem lá. O panorama é de guerra, como em *MASH*, mas sério. O canto dá uma sensação de vitória e de intensidade. É um canto que revela a atitude e a concentração necessárias para se poder ouvir o crescer do trigo.

Uma mulher, uma mãe, que canta; imagens de guerra; o barulho das paredes que caem e o silêncio do trigo que cresce: trabalhamos sem o objetivo imediato de fazer um espetáculo. A intenção concentrava-se mais na sobrevivência do grupo e nos problemas interpessoais, entretanto, enquanto recordo e conto, posso ver como tudo já estava ali naquele encontro de meia hora, em janeiro de 1989, em Milão, quando o diretor confessou que tomava os temas de trabalho do que lia nos jornais.

Os físicos explicam que cada grão de areia de uma praia contém todo o desenho da costa e que o vazio físico não é um simples estado de não ser, mas contém a potencialidade de todas as formas do mundo e das partículas atômicas. Somente assim posso entender o que aconteceu.

3. A Orquestra

Dorthe, que tinha trabalhado no teatro por quase dez anos, decidiu que deixaria o Odin depois que organizasse, pela segunda vez, a Festuge (semana festiva), em Holstebro. *Nu er det Længe Siden* (É Passado Muito Tempo) é uma canção dinamarquesa da qual ela gostava muito. Como agradecimento especial, Jan e Kai cantaram essa canção durante o jantar de encerramento da Festuge. A canção era bonita, tinha sido decorada e logo foi repetida com outras duas melodias durante uma visita das atrizes ao museu local. Uma velhinha emocionada que estava presente nos pediu para tocar outra vez essas canções a ela e aos outros aposentados, e marcou-se uma data. Estava se criando no grupo uma orquestra que tocava e cantava em dinamarquês.

Em outubro de 1990, Eugenio esteve em Giessen, Alemanha, para ministrar um curso na universidade, e Julia, em Münster, também na Alemanha, para trabalhar na direção de um espetáculo do Theater im Pumpenhaus. Cristel e Kordula fizeram que nos fosse possível assistir a um espetáculo de Pina Baush. Percorrendo várias direções nas rodovias alemãs, chegamos ao grande teatro de Wuppertal. Em um certo momento do espetáculo entra no palco, que estava ocupado por bailarinos e pinheiros cortados, toda uma banda musical de aposentados uniformizados. Tocaram um fragmento de música e saíram. "Pouco utilizado", é o comentário de Eugenio.

Naquele mesmo teatro, mas em outro dia, Kazuo Ohno, o dançarino japonês de Butoh, apresentou a sua *Argentina*. Levou meia hora para chegar ao palco, vindo da plateia. O vestido longo dava um ar ainda mais tênue ao seu corpo de oitenta anos. Nos seus dedos finos muitos anéis preciosos capturavam e refletiam as luzes dos refletores. Parecia que estava prestes a desmaiar, mas recuperava-se, apoiando-se nos olhares dos espectadores.

Em outro momento, estávamos sentadas na "sala preta" do Odin Teatret para uma reunião preparatória de um festival. O diretor falava às atrizes também sobre o novo espetáculo. Entre outras coisas, disse: "É uma festa de fantasmas, alguns dos quais provêm de velhos espetáculos. Os fantasmas aparecem junto de uma jovem que tece e de uma orquestra errante que toca e pede dinheiro; a jovem tece tapetes com mensagens de rebelião; o último fantasma é o comunismo".

Temos a orquestra, a rebelião, e o fantasma torna a vagar...

4. O Marinheiro

Fizemos sete vezes seguidas sete cenas diversas à meia-noite, para celebrar a construção de um navio no telhado de um supermercado, durante a segunda Festuge. Estamos em Holstebro, em setembro de 1991. A noite é fria, mas temos sorte porque chove pouco. A real construção do navio formava parte do espetáculo *Skibet Bro* (A Nave Ponte), dirigido por Kirsten Delholm, em que o Odin participava juntamente com todas as instituições e associações locais. A intervenção noturna do Odin chamava-se *Klabauterfolket* (Os Fantasmas do Mar). Apresentou-se os fantasmas brancos do "Holandês Voador" aparecendo para um marinheiro. Kai, o marinheiro, por assistir as cenas dos fantasmas, havia aprendido muitas canções sobre o mar, que cantava acompanhado de seu acordeão.

5. Ilhas e Tapetes

Uma de nossas viagens levou-nos para as ilhas flutuantes do lago Titicaca. As ilhas são feitas de entrelaçados sobrepostos de *totora*, um capim comprido que cresce na lagoa. Algumas ilhas estão unidas por pontes, outras, por exemplo, a da escola, chega-se de canoa.

Os habitantes podem ser reconhecidos em terra firme por seu caminhar com molejo. Sua pele escura, queimada e requeimada pelo sol, é espessa, dura, rachada e ferida. Nas ilhas eles têm seu campo de futebol e uma agência dos correios. Chegamos até lá de avião, ônibus e barcas. Durante o caminho tivemos vistas intermináveis, mãos magras que

KAOSMOS, IBEN NAGEL RASMUSSEN,
ROBERTA CARRERI, JULIA VARLEY, KAI BREDHOLT

pediam comida, lhama e crocodilos, um sol e neve de cegar, o santuário onde os carros novos são benzidos e as ruínas do Império Inca.

Na Guatemala, por sua vez, em uma longa trilha na montanha, vimos um grupo de índios caminhando. Eles são pequenos e as cores vivas de seus vestidos são todas iguais. Sobre os ombros levam um xale quadrado que se converte em bolsa, coberta, mesa, tapete. Nos arredores da lagoa de Atitlán reconhecemos o povoamento daqueles indígenas pelas cores dos xales, dos vestidos, dos cinturões e das fitas de cabelos.

Em seguida, no Museu de Arte Moderna de Louisiana, perto de Copenhague, vimos um labirinto feito com blocos de madeira. Observamos alguém mover-se dentro deles e imaginamos como posicioná-los, como construir outros espaços e mudá-los.

Não importa aonde fôssemos, parávamos em frente a vitrines de lojas de tapetes, especialmente de tapetes orientais.

Talabot, o espetáculo que leva o nome do primeiro navio em que Eugenio embarcou, está para terminar a sua viagem. Ao mesmo período pertenceram quatro espetáculos "de câmara" (*Judith, Memória, O Castelo de Holstebro* e *Itsi Bitsi*), três dos quais foram criados em um só ano. Roberta, ocupada com o espetáculo solo *Judith*, havia permanecido separada do grupo desde 1987. Para ela era importante começar um novo processo de criação e havia pensado em outro "solo". Mas era preciso criar um espetáculo carro-chefe, um novo espetáculo com todos do Odin. O diretor tinha que juntar forças para trabalhar com todo o grupo e impedir que as forças centrífugas tirassem vantagem. Algumas atrizes haveriam de deixar o teatro, outras estavam chegando, ninguém sabia o que o futuro reservava para nós. Devia-se iniciar o longo período de transição entre um espetáculo e outro, entre dois momentos de definição da história do Odin Teatret. É um período de viagens, de projetos individuais, de nascimento de novos interesses, de hipóteses e ideias.

O diretor ocupa-se de questões técnicas: os espectadores estarão sentados ao redor do espaço cênico (ele não quer fazer outro espetáculo frontal), sentados em pequenos sofás (depois de tantos anos sentados em bancos sem encostos, era uma obrigação proporcionar-lhes esse conforto), em três filas, com o mínimo de cinco atrizes e um grupo de músicos, velhos, se possível. O diretor está à procura de tapetes para o seu escritório e sonha com um espetáculo com tapete no chão (é sempre um problema a forma de cobrir o chão, especialmente quando, durante as turnês, passamos em lugares diversos, desde ginásios pintados com marcas de quadra a salas de palácios antigos onde é proibido colocar objetos metálicos no chão); ele imagina que as atrizes podem construir suas próprias ilhas (ilhas flutuantes ou tapetes voadores?) e pensa como se pode compor uma grande pintura juntando vários pedaços de pano, xales e mantas.

6. As Saias

Muitas vezes parte-se do que já existe. Outro projeto de espetáculo era *Songlines*, que devia retomar as partituras e as canções de todas as cenas finais dos espetáculos anteriores. Por isso buscamos figurinos aptos à dança. As cores e os aventais que podem ser retirados, característicos dos vestidos folclóricos das mulheres húngaras, agradavam a Eugenio. Em Budapeste, próximo de Castello, em uma loja muito pequena que tem seus preços em dólares, compramos três dessas saias, uma preta, outra vermelha e a última azul. Deixamos de comprar a branca, que, na verdade, era demasiado cara.

7. O Bilhão

No Odin Teatret há quatro salas de trabalho: a preta, a branca, a vermelha e a azul. A sala vermelha é a maior. Nos encontramos lá; éramos: Hisako, Isabel, Julia, Roberta, Tina e Torgeir junto com Leo e Lluís como assistentes, com Eugenio, e Christian, um músico que trabalharia conosco durante um mês. É fevereiro de 1992. *Itsi Bitsi*, com Iben, Jan e Kai, está em turnê.

Já havíamos feito *O Milhão*, não nos restava mais nada a fazer senão *O Bilhão*. *O Milhão*, no repertório de 1978 até 1984, era um "musical" que podia acolher até quatrocentos espectadores. Muito espetacular, colorido e grotesco, reunia danças, músicas e figurinos que havíamos encontrado durante nossas viagens pelo mundo. Foi o primeiro espetáculo do Odin a atrair um público numeroso na Dinamarca. *O Bilhão* deveria ser agora ainda maior e acolher ainda mais espectadores.

O diretor queria trabalhar adaptando partituras das atrizes à música. Não gostava da música "de caixa" (gravada) e, como os músicos com os quais havíamos trabalhado não estavam disponíveis, decidiu contratar um músico de Holstebro. Com ele, a orquestra reestruturou-se com instrumentos de corda e sopro, e novas melodias foram compostas e aprendidas.

Na sala, além de ensaiar e tocar música, as atrizes fizeram improvisações partindo de composições de palavras, depois transformadas em canções e poesias; todas tiveram que fazer propostas para a morte e a sepultura de um livro; trabalhou-se com uma dança composta de passos como as ondas do mar; Torgeir tinha a máscara branca e rugosa de madeira junto ao figurino de Zabbatai Zevi, do velho espetáculo *O Evangelho de Oxhyrincus*. A improvisação de Roberta foi montada juntamente com a de Julia para uma cena divertida em que roubavam os chapéus e tiravam os sapatos uma da outra.

O vestido preto de Julia, com a cartola, pena e luvas, escondia um vestido branco que não foi feito para parecer bonito. A atriz queria uma personagem infantil, mágica, que se afastasse da realidade cotidiana, distante da antropóloga de *Talabot* e da feminilidade inocente de *O Castelo de Holstebro*.

Durante aqueles dias eu havia pensado: "Mas além do mar existe um povoado onde o cemitério recebe tintura nova para a festa dos mortos. As cores branco, azul-claro e azul-escuro combinavam com o mar e com as flores alaranjadas e vermelhas que levaríamos ao cemitério. Na montanha, onde o sol queima os olhos e o vento deixa a pele um papelão, as crianças, com chapeuzinhos redondos nas mãos, ficam ao lado de uma rua onde passam os ônibus. Jogam-se das janelas bananas e pães. As crianças, muito boas em fazer cara de triste, correm atrás dos presentes".

E eu vi perdurar o mar. Era azul. Pessoas dançavam sobre o mar e a música era alegre. Aquelas mesmas pessoas haviam abandonado lentamente os panos que as cobriam e apareciam como mulheres vestidas de branco. São as mães russas que perderam os filhos nos *gulags*, uma delas se chamava Anna Akhmátova, ela tinha escrito poesias. O velho fantasma que ninguém mais quer, marcado com rugas de pedra, vaga por entre os trapos. Ele continua vestido de branco, e também de mulher, com um lenço na cabeça, como uma *babushka*. Sua transformação é acompanhada por um canto com as palavras de um poema de Nordhal Grieg:

> A morte queima como um campo de trigo,
> Vemos mais claro que antes
> Cada vida, em sua branca dor:
> São melhores aqueles que morrem.
> [...]
> Os melhores são assassinados em prisões,
> Levados pelas balas e pelo mar.
> Os melhores nunca serão o nosso futuro.
> Os melhores estão ocupados em morrer.
> [...]

Todas as mulheres saíram juntas, carregando o mar. Envoltos no mar estão os panos, lembranças daquilo que já passou. O mar morre. Debaixo do mar surge um livro encapsulado num bloco de gelo.

8. *Kafka*

Estamos em Pádua, em março de 1992, durante um encontro da ISTA (International School of Theatre Anthropology). Organizado por Nin Scolari e seu grupo Teatro Continuo, depois de uma semana de espetáculos do Odin Teatret e da dançarina indiana Sanjukta Panigrahi, este fim de semana, para o qual foram convidados uns vinte professores universitários, diretores e atrizes que colaboram com a ISTA, é uma ocasião para debater, sem espectadores nem alunos, alguns temas inerentes à investigação da Antropologia Teatral. A discussão gira em torno dos termos "subtexto" e "subpartitura". Trabalhamos na prática com um texto proposto por Thomas Bredsdorff, crítico e estudioso dinamarquês, escolhido entre muitos textos que haviam sido propostos pelos participantes. Por fim, Thomas não pôde vir. Era um conto de Franz Kafka, "Diante da Lei", tirado do livro *O Processo*. Nesse conto, um guarda veta a entrada de um homem do campo que espera para acessar a lei. O conto, distribuído em todas as línguas, foi primeiro analisado pelos estudiosos e depois dado às atrizes, para que o recontassem seguindo o percurso de suas dramaturgias pessoais.

Sobretudo as mulheres têm problemas com esse texto: Susanne Vill, estudiosa e cantora lírica alemã, e Kirsten Hastrup, antropóloga dinamarquesa, concordaram que é ridículo e pouco realista que alguém fique sentado, esperando por toda a vida. Sanjukta não consegue trabalhar, permanece em sua cadeira junto às não atrizes que assistem, e diz que não saberia como encenar uma história onde nada se conta. Diz não entender a história. A maior parte das atrizes do Odin faz uma sequência de ações improvisadas e logo repetidas. Depois foi pedido a cada uma que explicasse a própria "subpartitura", até que as discussões começaram a girar em torno de si mesmas, sem fim. Uma atriz havia escolhido os verbos para transformar o texto em ações. O verbo mais difícil era a essência de toda a história: esperar.

Pensei livremente em Beatriz como guardiã que guia Dante em sua viagem submundana (Nando Taviani, o professor-cavaleiro italiano que nos acompanha e ajuda quando trabalhamos em um espetáculo, ensinou à atriz alguns versos de *A Divina Comédia*). Você sabia que o livrinho que levo pendurado em *Kaosmos*, que eu uso para acender o fogo e que me foi presenteado como herança de família, é a menor edição que existe de *A Divina Comédia*? De vez em quando no espetáculo eu ainda leio alguns fragmentos ao Homem do Campo que, na espera diante da Porta da Lei, tinha passado pó e batom.

Existia a possibilidade de retornar a Pádua, usufruindo de uma subvenção dada para produzir um espetáculo que poderia ser incluído nos festejos do bicentenário da morte de Goldoni. A concepção do projeto foi feita por Fabrizio Cruciani, após consultar Eugenio e Nin. Também em suas palavras um fantasma vagava pela Europa. Se a subvenção tivesse chegado, teríamos que nos apressar para terminar o espetáculo.

9. Pedagogia

Assisti ao filme *O Livro da Selva* (*Mogli – O Menino Lobo*), de Walt Disney, muitas vezes. Eu gosto do urso Balu, dos macacos que dançam e do sorriso torto de Mogli quando vê a menina da aldeia. Aos 55 anos, Eugenio ainda não conhecia esse filme. Estávamos visitando o Teatro dei Due Mondi, de Faenza, na Itália, e pedimos ao seu diretor Alberto Grilli e às atrizes do grupo que nos conseguissem um videocassete. Depois de um bom prato de macarrão, nos sentamos todas juntas ao redor da televisão para assistir ao vídeo. Eles nunca entenderam o motivo pedagógico oculto que havia nos induzido a assistir exatamente aquele filme naquela ocasião.

10. Kipling

No Odin havia uma nova geração que chamávamos de camaleão. Quando estávamos em turnê com os espetáculos "de câmara", que não envolviam o grupo todo, precisávamos inventar um motivo para que eles, os camaleões, pudessem viajar conosco. Além disso, faltava a eles uma confrontação com os espectadores, que os ajudaria a crescer. Pensamos em um espetáculo infantil.

Ao mesmo tempo, buscamos temas de trabalho que pudessem ser adaptados à próxima Festuge de Holstebro, intitulada *Matrimônios Mistos*, temas com os quais pudessem colaborar as atrizes europeias do Odin e Sanjukta Panigrahi, da Índia. Essa combinação nos levou a *O Livro da Selva*, de Rudyard Kipling.

Na fase de transição entre um espetáculo e outro necessitávamos de ocasiões de trabalho que pudessem definir e colocar em prova a configuração do novo grupo. Deveriam ser momentos de dedicação, mas não exclusivos, durante os quais as atrizes pudessem entender se queriam ou não continuar por mais tantos anos no grupo, fazendo parte do novo espetáculo. O grupo também tinha que pôr à prova os que queriam continuar a viagem em comum. Fora isso, tínhamos que deixar passar os três meses que Iben havia pedido para escrever um livro, pois ela também deveria ter a possibilidade de estar no novo espetáculo.

Pusemo-nos a trabalhar sobre *O Livro da Selva*. A ideia era prepararmos todos juntos materiais que depois seriam passados a quem, ao fim, teria que fazer o espetáculo infantil.

É maio de 1992, estamos na sala preta: Frans, Hisako, Isabel, Jan, Julia, Kai, Roberta, Tina, Torgeir, junto com Leo, Lluís e Eugenio. Todos nós sabemos que trabalharemos um pouco mais de um mês em *O Livro da Selva* e todo mundo havia lido o livro (ao menos era o que se fazia acreditar).

11. Os lobos

O diretor diz:

> Sobre um tapete os lobos nascem três vezes. O primeiro nascimento é o verdadeiro. O segundo é a passagem que leva uma pessoa anônima à fila daqueles que têm nome, através de um rito de passagem que dura onze dias e onze noites. A pessoa é transformada em lobo. O terceiro nascimento é na velhice. Esse nascimento é quando os demais reconhecem o verdadeiro lobo, quando se emana o "lobamento", quando esse estado é reconhecido objetivamente e não só subjetivamente. O tapete é um universo imenso e limitado, pronto para voar. O tapete torna-se selva.

As atrizes trabalham: os três nascimentos, que devem corresponder a três poesias – de *poiein*, fazer algo –, são escritos primeiro como ações no espaço e em seguida como palavras no papel. Os papéis são entregues ao diretor:

KAOSMOS, IBEN NAGEL RASMUSSEN, JULIA VARLEY, JAN FERSLEV

1. Doce polícia doce,
   Beijo de ar,
   A luz aperta,
   A boca conhece:
   Vê luz entreaberta,
   Suíça na sala e medo.
   O binóculo acusa e
   Arranca o voo
   Pela rua tortuosa.

2. Descuidosamente rugindo
   Cheia de açúcar
   A serpente hipnotizada
   Embaixo dos arbustos
   O terremoto desaparece.
   Decepcionado adormece
   O sonho que sorri
   Enquanto os macacos
   Dançam e o fogo vence.

3. No precipício dança o boné.

12. Canções e Tapetes

Cada atriz tem fixado as próprias improvisações, trabalhando com o pano que tinha escolhido como tapete voador e como selva. O pano é a base e o limite. O diretor trabalha com as improvisações como se fossem muitos miniespetáculos solo, com seus inícios, meios e fins – isso talvez porque nos últimos anos ele houvesse se acostumado a trabalhar assim para os espetáculos "de câmara". Mas a técnica de elaboração que ele utiliza agora, trabalhando com o grupo inteiro, é nova para todos.

Cada improvisação está acoplada a uma melodia. A primeira improvisação que se montou com a música foi a de Torgeir. Foram pedidas as três canções do museu, aquelas de que os velhinhos dinamarqueses gostaram, e em sequência uma após a outra, para as três partes da improvisação. Roberta tinha muitas canções para propor, acumuladas com a frustração e rebeldia de não ser dinamarquesa e com a necessidade de se encontrar novamente no confronto com um processo criativo. Suas canções *Yolanda, Don-Don, Can't You See the Clouds Gathering, La Negrita* e *Amarilli* foram juntadas a outras improvisações. Hisako trouxe uma melodia japonesa, Kai compôs utilizando o acordeão e a voz.

Quatro tapetes voadores sobreviveram à primeira elaboração do diretor: a pele de pelo branco de Kai, o véu de Torgeir, o poncho de Roberta e o pano de Jan. Mais adiante somente permanecerá no trabalho o véu de Torgeir. Durante muito tempo na montagem outros trapos cobriram o chão, lançados durante a canção que Jan compôs com uma poesia de Kipling tirada de *O Livro de Selva*. O diretor trabalhava com as improvisações e as músicas, fazendo mudanças. Ele reagia diretamente ao material apresentado sem seguir uma linha lógica aparente, mas dando indicações que pudessem enriquecer o material já existente ou proporcionar novas direções ao que não funcionava. O problema era abrir possíveis significados, sem buscar individualizar os que já existiam.

Para Tina, cuja cena era fechada e concentrada em si mesma, foi pedido que transferisse o chão para o teto, fazendo todas as direções ao contrário do que costumava fazer. Tina parecia um computador em ação, enquanto calculava lentamente onde colocar cada pé e cada mão. Ficava impaciente com sua incapacidade de reencontrar o sentido de suas ações enquanto adaptava a tarefa proposta, no entanto é dessa cena que ela ainda se lembra. Ela trabalhou muitas horas enquanto a observávamos, e depois muitos dias sozinha, até reencontrar o ritmo original da cena.

Para Roberta foram colocados dois titereiros, Torgeir e Kai, que a moviam utilizando duas longas varas de bambu. Para Julia foi pedida a eliminação do tapete do chão e que fizesse a improvisação sentada em uma cadeira, em seguida usando a cadeira atrás. Sua cena foi montada junto com a de Frans, foi alterada mil vezes e nunca funcionou. Kai tinha que se mover somente no tapete, e terminar deitado no chão e acorrentado. Torgeir tinha que rasgar o véu e fixar os pontos de referência com a música. Algumas de suas ações foram transferidas da posição deitada para a de pé. Cada passo de Hisako devia ser imitado ou contraposto por Julia, que estava adiante ou atrás dela, sempre próxima, tentando descobrir o que faltava.

Isabel tinha dificuldades para encontrar o seu peso, parecia caminhar sobre ovos. O tapete voador dela – em que se deitava, erguia, abraçava, segurava firme, batia, pulava – foi substituído pelo corpo de Hisako. Hisako não tinha que fazer nada e parecia realmente uma pessoa morta. Depois Hisako foi substituída por Jan, que era mais alto e pesado. No fim, Isabel fez a cena com Hisako

KAOSMOS, JULIA VARLEY, KAI BREDHOLT, ROBERTA CARRERI, TORGEIR WETHAL, TINA NIELSEN

e Jan juntos. O trabalho era exaustivo, Isabel se cansava e suava e nos sentíamos mal por conta da sua coluna. Mas, pouco a pouco, a solução que havia sido sugerida para resolver um problema técnico converteu-se no eixo da montagem de todas as improvisações, deixando aflorar no trabalho emoção e calor.

13. *As Facas*

14.05.1992, Jan repete a sua improvisação. Eugenio pede que se traga à sala nove facas de tamanhos diferentes e um cachecol de tecido fino do mesmo tamanho do tapete de Jan. Nesse meio-tempo ele trabalha com Jan a parte em que dança para dar a seus passos ritmos de três tempos em vez de dois. Então ele diz: "Você tem que utilizar o cachecol, como um lenço, colocando-o em seu pescoço... como quiser. Você deve levar consigo todas as facas, de tal modo que não as vejamos, mas de forma que você possa pegá-las. Durante a cena você deve pegar as facas seguindo fielmente a improvisação. Você deve encontrar espaços que lhe permitam retirar as facas".

Jan coloca as facas nas mangas, nas botas, na cintura, nas calças. Ele usa o cachecol como saia e em seguida imediatamente coloca-o no chão. Ele tira as facas uma a uma. Eugenio pede-lhe que repita tudo exatamente igual. Quando Jan tira a primeira faca, Eugenio interrompe-o e obriga-o a segurar a faca mais ao alto e a permanecer imóvel para que ela possa ser vista mais claramente tanto dos dois lados quanto de trás.

Eugenio fala enquanto Jan continua trabalhando: "Quanto mais próximo você permanecer da partitura original, menos ilustrará a nova situação... Utilize as facas para arrumar o pano... Faça a dança sem ruído, porque senão pesa demais... Encontre uma maneira de derrubar uma faca no cachecol vermelho... Não perca a partitura!... Não perca a partitura!... Você deve proteger o desenho... Quando você estiver na última posição, mostre seis romãs com o cachecol e as facas (Jan dobra o pano e põe as facas ao redor, espalhadas no chão)... Salte no *celote*² (Jan prende o nariz, salta, agacha-se até embaixo, ajoelhando-se, e logo reage com as mãos e o rosto)... Faça com que as romãs sejam completamente vermelhas (Jan não entende e interrompe-se)... Está escrito que o segredo das romãs é o sol (Jan levanta o cachecol com as facas para fazê-lo menor)... O sol mata as romãs (Jan cobre as facas)... Pegue o sol nas mãos com todas as seis romãs (Jan segura tudo nas mãos). Não assuma uma posição! Não morra! Pule com uma perna, a esquerda... Ach! Ach! Ach!... Ei! Ei! Ei!... Ações precisas, imagens precisas... Ao final pegue as facas e o cachecol e coloque-as aos pés de Tina, que começa a canção".

14. *A Primeira Montagem*

Depois que a moça japonesa vestida de preto e sua sombra tiverem ido embora, um homem jovem, em posição de crucifixo amarrado por uma corrente, é arrastado em procissão sobre uma pele de cabra. Os trapos de cor deslocam-se em sua passagem. Os que semearam agora seguem a procissão e cantam:

> *Children of the camp are we*
> *Serving each in his degree*
> *Children of the yoke and goad*
> *Pack and harness, pad and load*
> *See our line across the plain*
> *Like a heel-hope bent again*
> *Reaching, writhing, rolling far*
> *Sweeping all away to war!*
> *While the men that walk beside*
> *Dusty, silent, heavy eyed*
> *Cannot tell why we or they*
> *March and suffer day by day.*

---

² Poço de água ao redor do qual se encontram os maias; já havíamos utilizado esse termo enquanto trabalhávamos no *Talabot*, em Iucatã.

(Nós somos filhos do campo
Servindo cada um em seu mérito
Filhos do jugo e aguilhão
Pacote e arreios, almofadas e carga
Veja nossa linha do outro lado da planície
Como uma corda novamente curva
Alcançando, torcendo, rolando longe
Varrendo tudo para a guerra!
Enquanto os homens que caminham ao lado
Empoeirados, silenciosos, com olhos pesados
Não sabem dizer por que nós ou eles
Marchamos e sofremos dia após dia)

A procissão termina. Um homem está deitado diante da orquestra. Em sua frente, no chão, há um prato de metal. O homem levanta-se e, com os pés e os dentes, rasga o véu no qual estava deitado. A moça da orquestra joga moedas no prato e depois acolhe o homem, que se senta em seu joelho.

Uma mulher cuja experiência destruiu qualquer esperança, xinga um homem que poderia ser seu marido, ela lhe dá sua jaqueta com um sorriso sarcástico, e saem juntos amarrados.

Ouvem-se conversas e risos e de dentro de uma boneca surge uma faca. Uma mulher esfaqueia a outra, depois a segura, abraça-a, acaricia docemente seus cabelos e fecha-lhe os olhos. A mesma mulher esfaqueia um homem e também o acaricia e abraça. A mulher carrega os dois corpos e os posiciona abraçados um sobre o outro. Alguém diz: "Tabita, Talite!", e eles ressuscitam.

O homem dança sobre uma bandeira vermelha, de sua roupa aparece ainda uma infinidade de facas. Em torno dele dançam jovens enérgicos. Os passos de suas botas, os cinturões rasgados e um chicote sublinham o ritmo da canção deles. *"Can't you see the clouds gathering? It's going to rain! Come on in this ark! Come on, follow me!..."* (Você não pode ver as nuvens unindo-se? Vai chover! Venha nesta arca! Venha, siga-me!...).

De fora o diretor diz:

Engano a todos e não me preocupo com a história, vencerei meu tabu e o fio condutor será colocado no final. O que são os tecidos? Quem são vocês? Por que se comportam assim? Vocês são lobos, vocês falam entre si com a língua dos lobos, que ninguém mais entende. *Processo, O Bilhão, Kaspariana, Kaosmos, Histórias de Lobos*: estes são os possíveis títulos do nosso trabalho.

15. A Sombra

Acaricio os meus cabelos, dou um sorriso maligno, mostro o impulso de um cuspe e um rosto que espanta, aperto os olhos para estar na obscuridade e logo os abro à luz de uma cantiga. Pego uma fita de cetim vermelha e dobro-a como uma barra de metal, enquanto minhas mãos brincam. Também os dedos jogam entre eles, querendo advertir e consolar. Seguindo pessoas reais, ensino que as sombras têm uma vida independente que vale a pena explorar. Ainda não sou velha, mas os anos estão passando velozes. Também tenho gana de cantar, e canto.

Suspensa sobre as flores e as ondas balançando: estava cansada. O acordeão tocava, deixei-me ir e dancei com o ar. Os corpos seguiam a sua própria ordem, velozes, leves, explosivos, como células de átomos enlouquecidos. O espaço enchia-se de flores, de ondas, de estrelas, de sons, de borboletas...

16. Um Dia I

Um dia...

Um dia reaparecem as máscaras de *Talabot*. As atrizes colocam-nas no rosto enquanto estão sentadas ao lado da cena e as retiram quando atuam, invertendo a ordem normal. Também a máscara branca com rugas sai da mesma caixa de papel, mas não é usada.

Um dia pede-se a Roberta que distribua moedas aos espectadores antes da "passada" cotidiana dos materiais cênicos. O dinheiro é para que os espectadores possam colocar no prato que, depois de haver estado no chão em frente a Torgeir, passará por eles.

Um dia Eugenio disse: "Temos que poder viajar com menos de cem quilos, devemos dispor de uma estrutura que não precise de assentos para os espectadores". É um progresso em suas ambições! Para outros espetáculos ele, equivocando-se sempre, previa nenhum equipamento ou apenas uma maleta por atriz.

Um dia o diretor se lamenta pelas roupas de treinamento das atrizes e no dia seguinte algumas vêm com vestidos de festa, outras com calças melhores, outras ainda com o que preferem. Torgeir veste-se com um terno cinza. A roupa começa a decidir quem somos.

17. *A Peruca*

O diretor havia dito à atriz, tempos atrás: "Eu queria que você fosse uma personagem muito velha". Durante as férias de verão, passando por Milão, a atriz comprou uma longa peruca branca. Fez a tentativa de transformação com cera derretida no rosto, mas queimava a pele. No sótão de seu pai encontrou um camisão de seda preta que era de sua avó e dois mantos árabes bordados em prata, um era de pele de camelo e o outro de tecido de lã bem largo. Um dia ela vestiu-se e maquiou o rosto de branco e cinza para surpreender o diretor. Queria que ele pudesse voltar a ver a sua avó com seu longo cabelo solto, aquela imagem de criança e de velha que descreveu em seu livro *A Canoa de Papel*.

Estávamos em Áquila, Itália. Eugenio tinha as pernas doloridas depois de uma descida a pé do Gran Sasso. Primeiro ficou maravilhado, logo desconcertado. "Funciona?", perguntava-se, mas não disse muito.

18. *O Processo*

Retomamos o trabalho no início de agosto. Sabíamos que o interromperíamos em setembro para irmos ao Festival do Teatro

Tascabile de Bérgamo com *O Castelo de Holstebro* e *Itsi Bitsi*, enquanto Torgeir e Roberta estariam em Atenas com *Judith*.

A primeira coisa que decidimos foram os horários: das 7h às 10h *Bobbletiden* (Ebulição), tempo livre para as atrizes; das 10h às 15h *O Processo*, trabalho sobre a montagem realizada antes do verão.

Na sala já não está mais Hisako, que nos deixou por um dinamarquês que vive no Japão, e Iben retornou. Tínhamos mostrado uma "passada" para Iben e logo, tal como estávamos, sentados em vários pontos da sala negra, fizemos uma reunião assegurando a ela que, no futuro, as turnês não seriam tão duras e que o tempo de todos seria respeitado. Iben tinha aceitado entrar no trabalho com um simples sim titubeante. No dia seguinte participava dos ensaios, mudando o futuro.

As atrizes têm materiais, cenas, muitos dias de trabalho nas costas. Mesmo que elas não saibam o porquê, sabem o que fazer. Entendem uma lógica interna do trabalho, as suas passagens. Mas Iben não tem nada.

KAOSMOS, ROBERTA CARRERI, JULIA VARLEY

O diretor necessita dar a ela pontos de apoio e começa falando de uma personagem: "Deve ser não teatral, agir de modo naturalista, cotidiano; poderia estar vestida como uma camareira que tenta ser amável, poderia ser como Giulietta Masina em *A Estrada da Vida*, ou como Madeleine Renaud em *Oh Les Beaux Jours*; teria que ser interpretada no melhor estilo do Kongelig Teater (Teatro Real), quem sabe reduzindo ao mínimo no espaço o estilo de se comportar de Trickster (o personagem de Iben em *Talabot*); poderia inspirar-se na moda dos anos 1950, encontrar um chapéu e, desse modo, ter imediatamente a figura de uma personagem".

Então o diretor entrega a todos o texto da poesia *O Sétimo*, de Attila József, e conta-nos algumas coisas sobre esse poeta húngaro que se suicidou aos 32 anos, em 1937.

19. Os Nós

Era fevereiro de 1988. Fazia sol e ventava muito na praia de Chicxulub, no México, onde havíamos alugado duas casas para trabalhar na criação de *Talabot* sem sermos incomodados. Durante as grandes pausas no meio do dia, enquanto o diretor lia deitado ao sol, as atrizes podiam trabalhar sozinhas. Encenavam alguns momentos culminantes da vida das personagens que representavam (Ernesto Guevara, Antonin Artaud, Knud Rasmussen...); elas improvisavam-se como diretoras, realizando com a ajuda dos companheiros três episódios da vida da antropóloga Kirsten Hastrup; elas preparavam "nós".

Eugenio havia tentado nos explicar o que é um nó: uma cena, um texto, uma ação, algo que já contém em si mesmo, à margem de qualquer contexto, uma informação que deverá ser desatada e decifrada – um conceito completo e contraditório. Mas o que realmente isso era, só entendemos quando Trickster, vestida de homem-mulher, amamentou uma criança com areia.

Nem todas as atrizes que haviam trabalhado em *O Processo* tinham passado por essa experiência, e era importante que todas pudessem experimentar-se como diretoras. Nos foi pedido para encenar uma estrofe de livre escolha do poema *O Sétimo*. Roberta, após trabalhar por muitas horas, apresentou a sua proposta, sendo a primeira a fazê-lo. Mas Eugenio não pediu para ver as outras propostas, e assim deixamos de lado essa forma de produzir novos materiais.

Na sala, em frente aos demais, o diretor pensava em voz alta:

> Tenho a história, mas só falarei depois. Temos as pérolas e a linha, mas falta o feixe para fazer o colar. Uma cena final que não seja teatral, que seja um polo contraposto do resto. O espetáculo trata de *O Processo*, de Kafka. Mas por que no espetáculo de Kafka tem uma cena em que Isabel arrasta os corpos? Evidentemente tem algo a ver com o ciúme. Por que usamos os panos? Estamos desnudos e nos cobrimos com panos, aquilo que restou do que teve um valor. É bonito o título que utilizou Pirandello, *Vestir os Nus*. Eu necessito de um nó.

20. A Velha

Em o *Bobbletiden* a atriz trabalha sobre a personagem da velha: morte, parar na porta, rugas, sabedoria, tristeza, cinza, branco, passos lentos, passos pequenos, recorda o passado, não recorda, não tem medo, verde, os dentes caem, os olhos não veem, magra, atraente, parada, pele de escamas, uma cobra, a lei, duro, desejo de beleza, maquiagem, dentes negros, articulações rígidas, crânio, perigo, a vida se perde, afundada, baba, bebe, alcoolizada, odor de álcool, copo na mão, remédios, pílulas, a cama, não gosta de macaco, encolhe, Isak Dinesen, come pouco, abacate, queda, engasga, relê os mesmos livros, saco de colostomia, gangrena, danificada, surdez, mãos enrugadas, necessidade de mar, necessidade da família, solidão, livro, final de jornada.

Ainda sobre a velha: lábios de filhote de ganso e olhos abertos, lábios apertados e olhos de raiva, pequenos passos e boca que come, queixo saliente e a mão que diz: "Recordas aqueles tempos...", sombra que ondula, risos e ritmos muito irregulares, a Argentina de Kazuo Ohno.

Voz que desmaia, voz de gato, ruído com os lábios, voz com os lábios afiados.

Mãos de uma velha: esfregar, um tempo, acariciar, o dedo mindinho desmaia, oferecer, abrir uma garrafa, coçar com a mão, dançar.

21. O Recém-Nascido que Está para Morrer

Os músicos ensaiam na sala vermelha. Brinco com eles, correndo e dançando. Meus passos têm um ritmo irregular. Pulo. Sou um recém-nascido que está para morrer, a sombra que desaparece com a obscuridade, a lembrança que está a ponto de desvanecer.

22. Diálogo com o Mar

07.08.1992 é o dia das grandes revelações:

Tenho gana de navegar e dialogar com os ventos. Devo orientar-me pelas estrelas e seguir pequenos indícios. Ugolino e Vadino Vivaldi partiram de Amalfi para fazer a mesma viagem de Colombo muitos anos antes que ele, mas não retornaram. No início há de se deixar guiar pelo mar, mas logo chega o momento de dialogar com o mar. Colombo falou com as algas, falou com os pássaros.

Até agora temos seguido o mar. Nós fomos deixando a terra, mas necessito de um ponto de referência para começar o diálogo com os ventos e ter a liberdade de escolha. Tem forças contrastantes, situações não muito próximas, há uma grande tensão: quero manter esse caráter de caos. Sabemos que o caos tem uma coerência interna. Lá está o cosmos. Como se pode chegar a uma criação que é o caos? James Joyce chama-a de *Caosmos*, esta deve ser a nossa criação, mas com o k: *Kaosmos*. As teorias sobre o caos dizem que uma borboleta abre as asas em Honolulu e a consequência é uma tempestade na Lapônia. Vocês são responsáveis por manter os gêiseres na paisagem que construímos. O caos depende da quantidade de buracos negros de energia que vocês são capazes de criar.

Para criar o caos tenho que criar o infinito. O infinito *c'est la mer allée avec le soleil* (é o mar que se foi com o sol), algo que é invisível, como o ar. A lei é o infinito: todos sabem que está presente, mas cada qual relaciona-se com ele de um modo pessoal. Dentro do infinito, o caos.

Julia é o Guardião e Iben é o Homem do campo do conto de Kafka "Diante da Lei". Eu poderia dar nomes ao caos: Jan asas de borboleta, Franz tempestade na Lapônia, Roberta topo de uma onda... A poesia de Attila József *O Sétimo* é importante. É para mim como um manifesto político, alguém que refuta a realidade do nascimento, a vida determinada por um lugar onde se nasceu: Sarajevo, Bangladesh, um hospital psiquiátrico, sob o poder dos nazistas... O caos vem desse poema.

Um Homem do campo chega e quer entrar na Lei, o Guardião diz que não. Ao redor há caos. Acontecem muitas coisas ao redor enquanto ele espera. Este é o ponto em que me encontro.

Eugenio havia falado longamente.

Havia chegado o momento no processo criativo do espetáculo *Kaosmos* em que eu recebi o nome de Guardião da Lei. As indicações do diretor eram para cenas realistas e uma personagem velha e frágil. A atriz, ao contrário, pensava no infinito, em como fazer uma personagem que é o mar que se foi com o sol.

Enquanto o diretor pedia a Iben e Julia que preparassem uma hora de materiais à la "kongelig" (isto é, no estilo do Teatro Real de Copenhague), pondo em ação o conto de Kafka, coisa que não fizeram, as outras atrizes estavam desorientadas. Sem referência a uma história ou a uma personagem precisamente, não captavam o sentido das ações que repetiam todos os dias. Elas não entendiam em que direção tinham que seguir para crescer, como tornar o seu trabalho mais interessante, que lógica impulsionava a montagem das improvisações, o que tinham que contar. Era difícil mudar, elaborar. As atrizes tinham a sensação de dar voltas no vazio, sem pontos de apoio. A viagem pelo mar não tinha portos, nem cais, nem ilhas piratas, nem barcas de salvamento, nem mensagens engarrafadas, nem estrelas Polares. A pergunta insistente era: "Quem sou eu?". Roberta era quem mais sofria com isso, queixando-se insistentemente.

23. Figurinos

O figurino, dos sapatos às joias, da textura dos panos ao penteado, é uma das manifestações mais evidentes da personagem, algo que transforma e se transforma.

A primeira ideia foi utilizar figurinos que pertenciam à vida diária, mas que ao mesmo tempo pudessem abrir para associações diversas. Pensamos em uniformes de carteiros, cozinheiros e bombeiros. Jan vestiu-se de limpador de chaminés. Ele mesmo fez o pedido de um uniforme preto com botões dourados, com cinturão de couro, cartola e um lenço. Parecia saído de um conto de Hans Christian Andersen. Buscamos outras possibilidades de vestuário relacionadas com as personagens dos contos de Andersen. Kai poderia ser Klods Hans ou o Soldadinho de Chumbo. Frans poderia ser o Rei Desnudo, mas depois de alguns risos reprimidos ao vê-lo de camisola, mudamos de ideia. Tina poderia ser a Bailarina, com o tutu de véu. Ao fim, o véu iria à cabeça transformando Tina em uma noiva.

Julia também trabalha no figurino: véus e laços escuros, bordados coloridos para enfeitar a seda preta, um par de sapatos de salto alto cobertos com pano como se fossem os pezinhos amarrados de uma mulher chinesa, um figurino que a deixava magra e alta como a Argentina de Kazuo Ohno.

24. As Lembranças São Socos na Cara

Ao entrar pela porta que separa a obscuridade da luz, vestida pela primeira vez de preto e com longos cabelos brancos, encontro lençóis brancos estirados no chão. Caminho lentamente entre esses leitos de hospital, entre esses móveis cobertos, entre esses cadáveres de guerra. Apenas vejo algo. Quisera eu contar coisas acerca dos mil anos que vivi e das mil pessoas que encontrei. As lembranças são socos na cara. O pesado manto cai, a maquiagem se dissolve, não tenho mais nada a dizer. Volto por onde entrei.

25. A *Morte* Bulldozer

Morre Fabrizio. Depois de ter estado com ele toda a manhã, depois de ter visto o caixão ser fechado e os parafusos serem apertados, depois da cerimônia da igreja, temos dificuldades para encontrar o lugar onde ele deve ser sepultado. O cemitério acolhe-nos com a imagem de um *bulldozer* conduzido por um homem que, buraco após buraco, abre espaços de terra desnuda. Ao redor de cada novo buraco recoberto há um grupo de pessoas em silêncio. Um a um os grupos distanciam-se e ouvem-se novamente os soluços.

26. Andersen

Julia tinha um livro com os contos de Hans Christian Andersen em italiano e o emprestou a Eugenio. Apesar de não ser ilustrado, já que o havia buscado como forma de inspiração para os figurinos, revelou-se igualmente útil.

As histórias são malignas e fascinantes. Começamos a lê-las em um domingo. A primeira história foi o conto *A Sombra*, que parecia dar indicações para o espetáculo; em seguida foi *A Mãe*, que permaneceu gravada na memória por seu evidente bom senso. Quando o sofrimento é tanto que a mãe gostaria que o filho voltasse à vida? Quando a visão do futuro revela somente desespero, angústia e tristeza, por que renunciar à morte? No mesmo conto, a mãe oferece seus próprios cabelos em troca de longos cabelos brancos de uma velha.

Eu lia, sorria, gargalhava, esperava. O "atrator estranho" estava trabalhando abertamente.

E o diretor disse na sala:

> Há personagens tão fortes que podem ser distanciadas do próprio contexto que continuarão sendo fortes, só que elas não podem fazer as mesmas coisas como no contexto original. O que aconteceria se Hamlet se perdesse e acabasse por entrar em *O Rei Lear*? O que aconteceria quando no infinito concreto e invisível que é *A Lei*, de Kafka, aparecessem as personagens de Andersen? Por que o limpador de chaminés faz a dança das facas? Há outra personagem que atravessa essa paisagem: a Mãe. Roberta, você é a Mãe que busca por seu filho raptado pela morte.

Roberta, sempre concentrada em sua responsabilidade de mãe na vida privada, pensou que o diretor não era muito original. Haviam já falado de outras personagens de mães, haviam escolhido Medeia.

27. Um Dia II

Um dia...

Um dia aparece a porta. Se há o guardião da porta do conto de Kafka, deve haver uma porta. Onde está a porta? Pensamos no formato da sala. Julia lembra-se da sala comprida onde haviam trabalhado em Pádua, que lhe agradava, e propõe colocar a porta no centro. Falamos de um alçapão com saída para o porão ou para o sótão. A porta da sala de trabalho vem retirada de seus batentes e estirada no chão no meio da sala, em cima de um espelho.

Um dia o texto em "volapyk" (língua inventada) substituiu o texto de Kafka, em inglês. Trabalhamos sobre o problema da língua

KAOSMOS, JULIA VARLEY, IBEN NAGEL RASMUSSEN

no espetáculo. Eugenio queria uma tradução simultânea em todas as línguas, ressaltando uma ou outra de acordo com o país onde nos apresentaríamos. Fizemos leituras e traduções simultâneas, cada qual com sua própria língua (Roberta em italiano, Isabel em espanhol, Torgeir em norueguês, Iben, Tina Jan, Kai e Frans em dinamarquês, Julia em inglês), mas não era possível entender. Configurou-se o fato de que cada um falasse a sua própria língua.

Um dia o diretor disse: "Isto é um oratório. O texto tem que ser primeiro cantando e talvez não seja necessário entendê-lo. Os textos não seguem a lógica do diálogo, mas podem seguir a lógica do canto". Viva! Desde que começamos o espetáculo *O Evangelho de Oxyrhincus*, Eugenio queria fazer uma ópera.

Um dia Jan explica que desenvolve a sua personagem pensando no caminhar desequilibrado de um limpador de chaminés que caminha sobre os telhados e no modo como pula de uma casa a outra, ou na maneira de entrar nas chaminés. De vez em quando deita-se sobre seu tapete voador e de cima olha o mundo com satisfação.

Um dia o diretor diz à atriz que dê quatro voltas pela sala. A ação corresponde à duração de uma cena, que, contudo, não havia sido feita.

28. O Infinito

O Homem do campo narra a sua vida em cinco minutos. Sigo-o como uma sombra caprichosa. O Homem coloca seus óculos de sol, canta sobre a cerveja, senta-se em vários lugares levando com ele o seu banco. A Mãe canta todas as canções que conhece, enquanto a sustento em meus braços. Uma moça está vestida de noiva, mas por baixo, tem calças. Depois que o Homem do campo já tinha caminhado dando quatro voltas no espaço, acendo um fósforo e a moça dança com o homem, que vestido todo de cinza rasgou o seu véu. Acompanha-os uma melodia japonesa.

Não me conheço e não sou conhecida: deve converter-se no inimigo de seu inimigo e começar aquilo que deve começar somente depois que terminar o que deve terminar primeiro. Do céu à terra para mostrar um milagre, serei o seu guia:

> Sou a folha arrastada pelo vento,
> Sou o pólen devorado por uma abelha,
> Sou a cinza jogada pelo feto,
> Sou a sombra buscada pela obscuridade,
> Sou o mar que se foi com o sol – o infinito.

29. A Simetria Destruída

Para ter mais luz nos mudamos da sala negra para a sala branca. Com um giz cada uma desenha o lugar que deve ser o seu jardim. Depois cada uma escolhe ir ao norte ou ao sul, onde já estão as lonas brancas que devem fechar e diminuir o espaço. As atrizes escandinavas vão automaticamente ao norte, as outras, ao sul. Foi criado um espaço retangular nos lados mais curtos para as pessoas esperarem sentadas. No meio deste espaço, a porta começa a visitar um jardim atrás do outro, e acaba dançando em todas as direções fazendo tudo o que uma porta pode fazer. A simetria, com seu centro, é destruída.

30. As Roupas do Povoado

O diretor: "Quem são vocês? Por que se comportam assim? Já não são mais lobos, mas habitantes de um povoamento onde são encenados, de uma maneira também divertida, os contos de Kafka e as fábulas de Andersen. Ao final, em pouco tempo, a situação se transforma".

As atrizes experimentam figurinos partindo da ideia de um povoado que se veste de uma maneira tradicional para fazer um ritual. Estirados no chão, tem-se à disposição figurinos trazidos de casa, figurinos de espetáculos antigos, figurinos que Roberta e Torgeir compraram recentemente na Grécia, figurinos coletados durante outras viagens e também uma coleção de bonecas de vários países. Em um canto há um vestido pequeno demais para ser utilizado, um vestido tradicional de criança que Julia não resistiu à tentação de comprar na Polônia, somente porque lhe agradava a combinação das cores fortes.

Iben, Roberta e Isabel vestem as saias com os aventais compradas na Hungria. Roberta combina a saia com outras peças de lã. Ela quer que sua figura seja cheia, que adquira peso, algo que seja o oposto da leve bata de *Judith*. Ao final, levará três saias sobrepostas, uma peruca de lã preta na cabeça e sobre o rosto uma expressão madura, sedutora, latina. Torgeir levará, por um tempo, um casaco sobre o terno cinza. Kai veste uma pequena saia preta na cintura. A camisa listrada que a mãe de Julia pintou à mão, que já havia sido utilizado por Joana d'Arc em *Oxhyrincus*, volta a ser base de inspiração, e também a camiseta hippie comprada em Kensington Market em 1969. Há discussão sobre as cores. Debaixo das roupas típicas, cada uma esconde outras roupas normais, que poderiam ser vistas hoje nas ruas.

KAOSMOS, JULIA VARLEY, TINA NIELSEN, KAI BREDHOLT, ROBERTA CARRERI, ISABEL UBEDA

31. A Canção do Trigo

Soa a música de *Kornet* (O trigo). Torgeir dança. Eugenio olha-o e suas mãos sobre a boca seguem o ritmo da música. Pensa. Os seus olhos já não seguem Torgeir. Busca. Interrompe: "Faça lentamente, mas às vezes com giros muito rápidos... (Torgeir começa a suar)... Mantenha o desenho dos movimentos simples, somente com variações de ritmo, caso contrário, me perco, não reconheço aquilo que faz... você perde o *sats*[3] a cada volta porque você muda... não mude a direção, é inútil".

O "Doors", isto é, os músicos sentados na porta que está estirada e aberta, tocam a canção do trigo soterrado. Jan compunha a melodia e improvisava o texto no momento anterior em que Iben dançava, e dançava tanto que já influenciava a letra da canção. Cada uma das atrizes fez a dança do trigo:

>Lutava contra a injustiça
>Com a lei na mão lutava pela paz
>Chamavam-no "Trigo"
>E um dia teve que se esconder no subsolo.
>
>Vivia abaixo da terra
>De repente veio a carta de sua mãe,
>Meu filho você tem que vir depressa
>Sinto chegar o final dos meus dias.
>O Trigo levou suas longas e deslumbrantes pistolas
>Sim, pegou as suas longas e deslumbrantes pistolas.
>Mandou pegar seu cavalo mais veloz,
>Cavalgar de noite é mais rápido e seguro.
>
>E o Trigo cavalgou a noite toda.
>(Mamãe, ó mamãe, é hora de ir pra casa!)

---

[3] Para o significado desse nosso termo de trabalho, ver o livro: Eugenio Barba, *A Canoa de Papel: Tratado de Antropologia Teatral*. Brasília, Teatro Caleidoscópio e Editora Dulcina, 2012.

32. O Princípio e o Fim

No início de tudo, quando a praça está ainda vazia, a corda é colocada passo a passo. Em seguida a bomba explode: os farrapos de roupas, de braços, de pernas, estão espalhados por todos os lados. Ouve-se um silêncio, pela qualidade contínua de um só som. Para que a história possa continuar, os fragmentos são coletados e um osso é colocado sobre uma placa de caridade. É a corda, primeiro vermelha e depois tricolor, que limpa o espaço.

A porta fechada, inclinando-se na dobradiça, está estirada no chão, até o sul. Uma velha abre a porta para sepultar um homem. Para as pessoas em volta, os séculos passam velozes. Agora elas são jovens e suas roupas velhas já não têm valor. Um limpador de chaminés recolhe-as, amontoa-as e fecha a porta em cima delas. Lá fora resta uma roupa típica de uma criança eslava. O limpador de chaminés dança sem as facas. As jovens, depois de haverem indicado com alegria e segurança o caminho do futuro, que está garantido pela arca, bebem juntas um copo de vinho.

33. Cansaço

Estamos no final de setembro e há sinais de cansaço.

Roberta entra com um xale enrolado para dar a imagem de uma criança, mas o diretor não quer crianças. A atriz protesta, dizendo que o trabalho não tem alma: tem que ir de um lugar a outro, mudando de personagem e de história, tentando, ao mesmo tempo, fazer algo interessante o suficiente para não ser cortado.

Eugenio experimenta colocar dinheiro em papel e moedas sobre a porta. Ele tem dor nas costas e se move com dificuldade. Pede a Torgeir para continuar. A porta tem os dois lados pintados com cores diferentes. Torgeir pergunta: "Sobre a porta, mas no lado vermelho ou no branco?" "Como queira." Torgeir põe sobre o lado vermelho. Eugenio diz: "É melhor no branco".

Julia se queixa: como doem os joelhos, doem as costas! Como são impossíveis o figurino, os sapatos, o chapéu...

Torgeir, durante uma oficina com Clive Barker, salteando numa corrida, rompeu um tendão. Terá que ser operado e ficará engessado durante dois meses. Depois deverá fazer exercícios de reabilitação.

34. O Tempo

Muitas vezes nos perguntam quanto tempo o Odin Teatret trabalha para criar um espetáculo. É sempre difícil responder. Há um tempo ativo e um tempo passivo, um tempo que atua sobre nós e um tempo no qual trabalhamos nele. Há o tempo dos calendários e o tempo pessoal, um tempo que não passa nunca e um tempo que corre.

Em sala havíamos trabalhado fevereiro, maio, agosto, parte de setembro e de outubro de 1992 e, depois, fevereiro e março de 1993. Durante esses meses o espetáculo adquire forma, mas toda a informação contida pertence a um tempo que não tem datas.

35. Espectadores Cegos e Surdos

O "atrator estranho" trabalha para o espectador cego.

Frans traduziu a poesia *O Sétimo* em dinamarquês e adaptou-a à canção *Don-Don*, que utilizamos em todos os momentos em que queremos salientar o caos. São momentos de explosão, em que, inclusive, podemos dançar inspirados em Michael Jackson e no seu show que vimos na televisão. Aprendemos lentamente o novo texto para substituir o original durante a "o ensaio corrido".

Julia experimenta dizer o texto de Kafka com entonações japonesas, enquanto as atrizes dinamarquesas traduzem-no cantando como se fosse uma sonata de Bach.

Iben começa a ler o conto *A Mãe*, de Andersen.

Jan, que nos dois últimos espetáculos tocava guitarra, queria mudar. Leo tem a ideia de que a pá que é utilizada para recolher os figurinos pode ser um instrumento musical. O som da corda de um violoncelo, agora atada à pá, é baixo, penetrante, profundo. Jan descobre que, pressionando a haste, pode-se mudar a entonação. Ele trabalha também batendo nas partes metálicas para criar variações de ritmo.

A canção *spiritual* é colocada depois do texto final.

E então o "atrator estranho" trabalha para o espectador surdo.

O diretor: "Como podemos cobrir o piso? Se eu fosse rico faria uma grande pintura que durante o espetáculo deveria desaparecer lentamente". As atrizes desenharam no chão com gesso colorido. Depois de quase uma hora a sala toda é um enorme quadro, composto de um conjunto de pequenas pinturas. O diretor surpreende-se com a rapidez e a habilidade. Mas em seguida houve o medo de sujarem os figurinos.

36. Meus Primeiros Passos

Escutando a música japonesa eu dei meus primeiros passos. Começo a descobrir as posturas do corpo, as posições da cabeça, como movem-se meus braços e entendo onde situar meu peso e onde esconder minha força. A música havia sido presenteada a Julia por Kanho Azuma, uma dançarina de Kabuki Buyo. Acompanhada pelas mesmas melodias, minha voz encontra as entonações para a ficção teatral.

Não sou mais o Guardião da porta. A minha nova personalidade reconhecível começa a existir, ainda que não tenha nome. O meu comportamento – que tenho dificuldade de fixar e de repetir porque o que quero é mudar sempre – está gravado em vídeo. Como se as imagens de uma caixa fossem mais verdadeiras e confiáveis do que eu. É curiosa a realidade dos seres humanos, eu prefiro a outra realidade, a do teatro. Parece-me mais verdadeira. Nós, personagens, não temos pressa, em um minuto podemos viver toda uma vida ou podemos fazer um segundo durar uma hora. Não temos problemas em sair toda noite com a mesma roupa e sabemos como guardar um segredo. Creio mais em um teatro cheio de vida do que em uma vida convertida em espetáculo.

Havia dois pares de sandálias comigo no dia da gravação do vídeo, elas são de Eugenio e Nando. O que vemos, o que pensamos, quem somos, ainda é um segredo:

There is a thing confusedly formed
Born before heaven and earth
Silent and void
It goes round and does not weary
It is capable of being the mother of the world
I know not its name.

(Há algo confusamente formado
Nascido antes do céu e da terra
Silenciosa e vazia
Dá voltas e não se cansa
É capaz de ser a mãe do mundo
Eu não sei o seu nome.)

No momento em que falar de algo, este lhe escapa.

37. A Incubação

9 de outubro se aproxima, data da próxima interrupção do trabalho em sala. Retomaremos o trabalho no início de fevereiro do próximo ano, em 1993. Na pausa nos dedicaremos a turnês, viagens, gravação de vídeo; à organização e realização da Odin Week (uma semana aberta a cinquenta pessoas que desejam visitar o teatro, durante a qual são mostrados todos os diversos aspectos das nossas atividades), do *Transit* (um festival e um encontro sobre direção com as mulheres do *Magdalena Project*) a cursos e oficinas tais como o *Ponte dos Ventos* (um grupo que uma vez por ano reúne-se com Iben)... Tentamos unir o material de tal maneira que possa resistir durante o período de incubação.

Eugenio, que necessita de intercâmbios intelectuais, tem passado alguns dias discutindo com Nando, e logo isso é refletido em suas palavras:

Trabalho com o tempo.
Há um tempo do espetáculo que é uma sucessão de *sats*.

Há um tempo mítico e ritual, não literal. Pertence a esse tempo a história de uma sociedade que a cada ano festeja com um recital em que há um Guardião em frente a uma porta. Kafka inspirou-se nesse acontecimento – a sociedade que festeja com o recital – para escrever a sua novela. O recital tem que ser cantado. A história nos mostra nossa realidade: estamos em frente a essa porta esperando. Às vezes essa espera é tão dolorosa que talvez fosse melhor que nossa mãe nos tivesse matado. Por isso se conta a história da Mãe, de Andersen. A espera pertence à consciência mítica pela qual são importantes as etapas existenciais: o nascimento, a morte, a fertilidade.

Em seguida há um terceiro tempo: o tempo da História na qual vivemos cada dia, os dezoito meses dos últimos três anos. Há um mundo organizado que em dezoito meses desintegra-se e mostra todos os esqueletos que estavam no armário. Nunca antes havia-se visto disparar contra mulheres e crianças. É esta sociedade organizada que diz "vai chover, venha para a arca!" através dos jovens que pisoteiam e dão chicotadas.

Olho a montagem através desses tempos diversos. O espetáculo vive entre o tempo mítico, o tempo da História e aquele da biografia pessoal.

Antes de 9 de outubro deve-se decidir tudo sobre o figurino e saber algo concreto sobre a estrutura.

Uma semana depois mostramos o trabalho a outras pessoas. O diretor nos fala:

> Thomas (Bredsdorff, o crítico dinamarquês que não pôde ir a Pádua) respondeu positivamente ao fato de misturarmos a história de Kafka com a história da Mãe: o homem que espera comparado com a mulher que luta e faz o possível para opor-se às circunstâncias.
>
> Estamos em um povoado onde cada ano repete-se o *egnspil* (espetáculo com tema regional), uma *moralität* (recital moral) que não é religiosa: fala de um Homem diante

da Porta. A sabedoria das gerações tem colorido essa espera, que é uma vida toda, uma espera que às vezes é tão dolorosa que seria melhor não ter nascido. A última cena funciona porque contém um tipo de verdade.

É difícil porque não há personagens, mas há uma história. Duas pessoas são muito reservadas: Torgeir e Frans. Uma com mais experiência e outra com menos.

Quem é a morte? Um *bulldozer* guiado por um homem. Com essa imagem trabalho com Jan: a morte que age. Frans, com seu casaco, me fez hoje pensar em um velho judeu errante que foi preso por saber tocar violino. Essa solução é fácil demais. Outra associação é o açougueiro que conta com o violino o que fez com os ossos da irmã assassinada.

Torgeir é um farmacêutico, Roberta, a mulher de um secretário municipal, Kai, o estagiário da biblioteca, Iben, a professora, Jan, o leiteiro, Tina cuida da velha mãe, Isabel mantém uma figura discreta mas com uma vida intensa. Julia traz-me o problema da peruca, que não entendo.

38. A Porta, o Banquinho e a Bandeja

Nos encontramos em novembro, somente para ver a porta entalhada que Eugenio tinha comprado na Espanha, nas férias. Nos mostra também um banquinho de três pernas e vários bronzes decorativos. As atrizes têm trazido propostas para substituir o prato de metal. Gostamos da bandeja com a figura de dois cisnes sobre a água.

39. No México

No México acontecem milagres, mas nem sempre os previstos. Edgar Ceballos tem uma nova casa, um escritório para o editorial *Escenologia* e uma impressora própria para os livros e a revista *Máscara*, que publica. Contudo, alguns trabalhos que tinham sido organizados pelo Odin foram cancelados, e tivemos assim a oportunidade de conhecer a região de Chiapas.

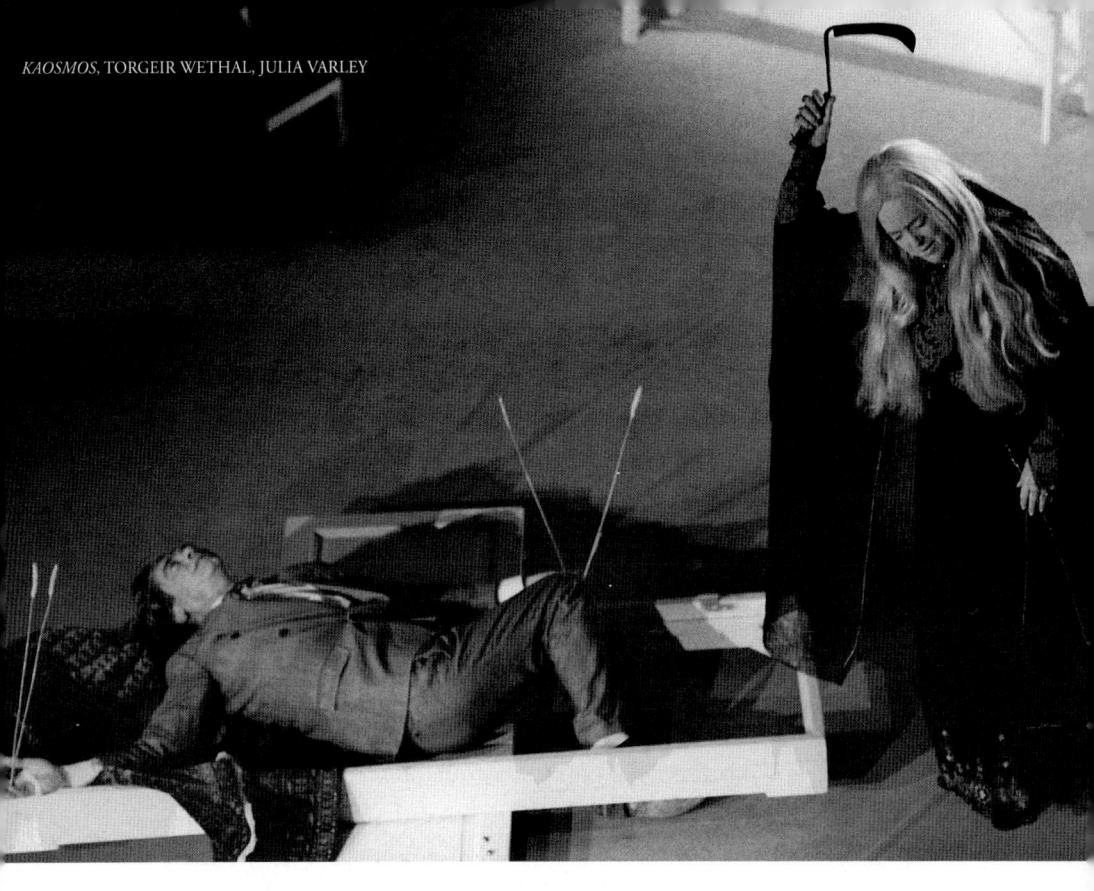

Permanecemos em silêncio ao entrar na pequena igreja de Chamula onde, sobre o piso coberto de agulhas de pinheiro e diante de imagens de santos cobertas de fitas coloridas, grupos de índios falam entre si, fazem oferendas, bebem e comem ao redor de velas acesas sem nenhum castiçal. A luz do dia entra pelas janelas criando ainda mais mistério e um véu de nevoeiro. Em San Cristóbal e em Tuxtla compramos ainda mais tecidos e roupas. Escolhemos aquelas que não revelam com evidência de onde são, aquelas que poderiam ser de um país da Europa Oriental.

40. O Candomblé

O primeiro encontro com Augusto Omolú foi bebendo uma cerveja. Estávamos em Salvador, Bahia, Brasil, e acabávamos de ver seu trabalho em uma classe de setenta dançarinos suados, profissionais e amadores. No final da aula, Augusto havia guiado o grupo mostrando os movimentos característicos dos diversos Orixás, os santos ou deuses da religião do Candomblé. Depois de Oxossi, o caçador, ele apresentou Oxum, a deusa das águas, vaidosa e bela. De repente, seu rosto negro e forte, os braços e as pernas de combate e os músculos potentes soltaram-se e pudemos ver uma belíssima mulher ao mesmo tempo que olhávamos Augusto. Ele não havia-se tornado afeminado e artificial, era ainda ele mesmo e, ao mesmo tempo, algo de outro. Havíamos encontrado a pessoa latino-americana que poderia integrar-se à ISTA, para a sessão de 1994 em Londrina, que estávamos preparando.

No bar, enquanto bebíamos cerveja e começávamos a conhecer Augusto, falávamos de energia, de axé, de movimentos fixados, da dança e da religião. Augusto nos convidou para ir ao seu terreiro, o lugar onde se celebram as cerimônias do candomblé. Lá ele mostrou-nos umas pedras enterradas que crescem como plantas, as oferendas, a cozinha e a casa dos santos, os desenhos nas paredes, as cadeiras que pertencem à mãe de santo e ao ogã, o assistente, e os atabaques, cobertos por um pano branco.

À noite, em Salvador, saímos para assistir a algumas cerimônias. Eram totalmente diferentes umas das outras. Uma foi numa mansão patronal. O jardim tinha uma escadaria rodeada com pequenas estátuas brancas. Dentro tudo era branco: o chão de mármore, as paredes, as cadeiras, as roupas. Muitas mulheres dançavam em círculo ao redor de um pilar, vestidas com compridas saias rodadas e com fitas, os cabelos escondidos por um longo xale. Enquanto havia o som de um ritmo específico, os "santos" decidiram "cavalgar" em muitos dos dançarinos. Um depois do outro foram levados para fora da sala, enquanto os outros continuavam movendo-se em círculo. Depois começaram os fogos de artifício para anunciar os "santos" que retornavam com seus vestidos reconhecíveis. Um deles corria sem parar pelos quatro cantos da sala. Os observadores davam passagem rapidamente quando ele chegava. Os olhos estavam fechados, mas ela via. Tinha uma pequena espada de prata e uma coroa. Devia ser Iansã, a deusa guerreira do vento.

Em um terreiro havia um círculo verde pintado no chão onde os dançarinos ajoelhavam-se; em outro, os "santos" que dançavam paravam para abraçar e falar com as pessoas que estavam sentadas; já em outro, três pessoas permaneciam em uma mesa até que uma delas decidiu balançar ramas verdes que estavam acima da porta.

Em uma outra cerimônia, a do caboclo, eles fumavam charuto, bebiam cachaça, cantavam em voz alta como solistas e em coro. Eles estavam vestidos com plumas, chapéus de couro e fitas coloridas. Os índios da selva, os vaqueiros do sertão e os negros do litoral dançavam juntos, abaixo das estátuas protetoras e fictícias da Virgem Maria e de São Jorge.

Vimos um ritual em um lugar muito pequeno e pobre. Poderia ser uma segunda entrada de uma casa qualquer. Os sapatos deviam ficar fora da casa e havia dois bancos para se sentar. Os três tambores estavam diante de uma janela com grades. Não havia tocadores de tambor o suficiente e, quase ao final da cerimônia, um deles também começou a dançar. Ele parecia ter caído em transe. Dizem que isso não é possível para quem toca tambor. Uma mulher aproximou-se dele para lhe erguer as calças e cobrir o seu peito nu com uma faixa de pano branco. Quando ficava cansado, ele parava, apoiava as mãos atrás das costas enquanto a mulher reajustava nele a faixa. Em seguida, ele continuava.

Acontecia frequentemente que, durante as cerimônias, os dançarinos parassem para colocar suas joias e vestidos. Seus rostos sérios, às vezes agressivos, os olhos ausentes no espaço, mas presentes em seus corpos, lembravam a expressão das atrizes do Odin durante o training. Durante o transe, o conhecimento do corpo revela-se de um modo espetacular e não cotidiano, próprio como as ações de uma atriz que quer atingir o espectador. O corpo explora e supera os seus limites para criar a sua própria memória, para dar vida àquilo que esses dançarinos não têm consciência de saber e que não será lembrado mais tarde.

41. O Tao da Física

Julia estava lendo *O Tao da Física*, de Fritjof Capra. Ela sublinhou alguns fragmentos que indicavam o segredo do que queria fazer no novo espetáculo: o infinito, ser e não ser, mudança e fluxo, a sombra, aquilo que não se pode conhecer e agarrar, a dança e o dançarino que são uma só coisa. A atriz estava estupefata com a sabedoria da física moderna que parecia reencontrar o conhecimento das antigas filosofias asiáticas. Queria traduzir na ação concreta de uma personagem teatral esses conceitos abstratos que lhe revelavam verdades que ela não podia agarrar. Havia sublinhado estas frases no livro:

> As partículas subatômicas são destrutíveis e indestrutíveis ao mesmo tempo, a matéria é tanto contínua como descontínua, força e matéria são apenas aspectos diferentes de um mesmo fenômeno. Força e matéria, partículas e ondas, movimentos e quietude, existência e não existência, esses são alguns dos conceitos opostos e contraditórios que tinham sido ultrapassados pela física moderna.
>
> Na física moderna o universo aparece como um todo dinâmico, inseparável. Segundo a mecânica quântica, a matéria não é nunca inerte. A existência e a dissolução das partículas são formas de movimento. O vazio físico não é um estado de simples não ser, mas contém a potencialidade de todas as formas do mundo das partículas. O átomo infinitesimal e o universo inteiro estão comprometidos em um movimento e uma atividade sem fim, em uma incessante dança de energia.

Julia encontrava frases que podia reconhecer no trabalho já realizado por sua personagem: "Alteração e movimento sem repouso, subindo e voltando a cair sem cessar, continuamente mudam seu sentido. É como a água em seu movimento, sua calma é como um espelho, segue e não conduz".

A leitura de *O Tao da Física* levará a atriz a outras leituras: as poesias zen e *The Dancing Wu Li Masters, an Overview of the New Physics*, de Gary Zukav, que logo transformaríamos em poesia no espaço:

O tempo deita sobre a sarjeta
canta o pardal
de vez em quando bica.

Posso ouvir música antiga entre os pinheiros
ver nuvens a uma distância de mil milhas
o jardim se encheu do canto dos grilos.
Com a idade avançada
as montanhas são mais belas que nunca.

Estou alegre, não importa o que aconteça
um sopro no céu
que esplêndido, eu estou lá.
De todas as coisas vivas
eu queria ser uma batata-doce
que acabou de ser desenterrada.

As leituras da atriz alternavam-se com os grandes passeios à praia. Víamos as pegadas dos pés desaparecerem com o vento e as ondas. Sentíamos a calma do tempo que passava docemente entre flores e mangas. A ilha, as montanhas, o lago, o mar, o cinema de uma cidade, as dunas, o asfalto, a poeira, os prados, dois quartos com uma cozinha, um sarongue: tudo era coletado em um mesmo horizonte abaixo do sol e das estrelas.

42. Saramago

Em janeiro, no Brasil, Eugenio leu *O Evangelho segundo Jesus Cristo*, de José Saramago, em espanhol:

El sol se muestra en uno de los ángulos superiores del rectángulo,...

Bajo el sol vemos un hombre desnudo atado a un tronco de árbol... debe de ser el Buen Ladrón...

> *Jesús muere, muere, y ya va dejando la vida, cuando, de pronto, el cielo se abre de par en par por encima de su cabeza, y Dios aparece, vestido como lo había estado en la barca, y su voz resuena por toda la tierra diciendo, Tú eres mi hijo mui amado, y en ti puse toda mi complacencia. Entonces comprendió Jesús que había venido traído al engaño...*
>
> *Ya no llegó a ver, colocado en el suelo, el cuenco negro sobre el que su sangre goteaba.*

43. Pneumonia

08.02.1993, retomamos o trabalho. Torgeir estava enfermo; quando finalmente retorna, Frans tem uma recaída de pneumonia e não poderá trabalhar por um mês.

44. A Porta

A porta é importante.

Como pedir a permissão de entrar? Como negar a entrada? Cada atriz fez três propostas utilizando a porta. Iben e Julia tiveram que aprender a sequência dessas ações: usando a porta, depois sem a porta e, mais tarde, com as ações reduzidas no espaço. Agora essa sequência é colocada no início e no final do "ensaio corrido".

Ao redor da nova porta que Eugenio havia comprado na Espanha foi construído um quadro, com o resultado que parece um caixão. Uma pequena mudança de proporção anulou a ambiguidade que existia antes. Tornou-se também mais pesada. Fora da sala carpinteiros e técnicos trabalham por semanas e, apesar de tudo, a porta fica cada vez mais pesada e se parece cada vez menos com uma porta. Para continuar os ensaios, reforçamos a porta que utilizávamos anteriormente com blocos de madeira. Nando gosta dessa porta meio velha e torta, descascada e gasta. Diz que parece exatamente uma porta tirada ao acaso, de qualquer sótão por algum morador do povoado, para fazer esse ritual. O problema é o que colocar no lugar dos blocos de madeira. Quase dois meses depois, Leo virá com uns livros que contêm livros, uma analogia, no espetáculo, das histórias contidas no ritual. Apoiando todo tipo de coisas sobre a porta, colocamos também os livros. Desse modo, as histórias que contamos nascerão da porta e acabarão na porta novamente. São os livros que ajudam a porta pintada de branco a suportar o peso e o esforço de todas as posições que toma durante a montagem.

A porta era coberta todos os dias no final dos ensaios. Kai tinha que ser arrastado sobre um pano durante a procissão. Eugenio trouxe um tapete e o fez forrar de tal maneira que deslizasse melhor. O tapete foi utilizado para cobrir a porta. Começamos a mover o tapete seguido da porta. Julia, que tinha visto um espetáculo em Roma em que uma mulher transformava-se em rainha com um tapete, colocou o tapete nas costas. Finalmente Eugenio pode comprar um tapete oriental e fomos ver o vendedor local curdo. Experimentamos alguns, o que gostamos era o mais caro. Era um pouco curto para a porta, tivemos que nos acostumar, mas foi uma boa escolha. O tapete ficou sempre mais bonito e, no fim, foi também utilizado para cobrir o Homem do campo, que morre. Do tapete que acompanha a porta dependia a cor com a qual pintamos a lona do chão.

45. As Borboletas

O Homem do campo chorava durante a procissão. Tinha um lenço na bolsa, usava-o e atirava-o. Foi-me repetido muitas vezes para eu usar o lenço até que eu entendesse que esse era um caminho que eu tinha que seguir.

A atriz comprou todos os lenços coloridos que encontrou na cidade e, como não gostaram porque era muito evidente que pertenciam a um tempo real, a atriz passou muitos fins de semana costurando outros. Lenços leves, de renda, de algodão, com bordas bordadas, com bordas de fita, sem bordas, vermelhos, pretos, brancos, estampados, azuis, verdes, coloridos... Um dia o diretor pediu

ATRIZES DE *KAOSMOS* COM EUGENIO BARBA (JAN FERSLEV, EUGENIO BARBA, KAI BREDHOLT, TORGEIR WETHAL, ISABEL UBEDA, JULIA VARLEY, TINA NIELSEN, IBEN NAGEL RASMUSSEN, ROBERTA CARRERI

às atrizes que fizessem algo com os lenços: fizeram bonecas, chapéus, velas, guardanapos, cobras, ratinhos, e Roberta fez uma borboleta. Assim nasceram as borboletas.

Brinco com as borboletas que mudam de cor magicamente, com as borboletas que descansam onde querem, que aparecem na cabeça e nas mãos, inclusive no lugar das moedas. E depois, pelo não retorno à cena para o que me parece ser um replay para receber aplausos, eu desfaço o nó da ficção e em vez de borboletas tenho nas mãos um lenço para secar o suor da atriz que está cansada. Naquele momento também retiro a peruca antes de sair.

A imagem do diretor para a cena final era uma sala invadida por borboletas. Todo o chão fervilhado de larvas que se transformam em borboletas, enchendo o espaço com seu voo frágil e multicolor. Tentei transformar eu mesma em borboleta. Seguindo o ritmo de uma música paquistanesa, os braços agitam-se velozes em todas as direções.

>Uma flor caída
>parece voltar à sua rama:
>é uma borboleta
>
>Um espirro,
>a borboleta
>não é mais visível.
>
>Amantes como borboletas:
>não choram
>mesmo as estrelas devem separar-se.
>
>Borboleta branca
>dardo entre os cravos,
>espírito de quem?
>
>Verão,
>sombras de borboletas
>por vezes tocando na janela.

A flor explode da pedra:
rastros de borboletas
em meio à neblina.

Palpitando juntas
espigas de cevada
borboletas.

Da erva daninha,
nasceu
uma semelhante borboleta?

A atriz compõe uma canção com a letra de todas essas poesias zen. As cantarei segurando a vida em uma mão e a morte na outra.

The butterfly knows,
the butterfly dreams,
the flower springs up
from the weeds.
White butterfly
amongst the corn,
out of a worm
a spirit is born.
Black butterfly
amongst the corn,
summer has come
as a storm.

(A borboleta sabe,
a borboleta sonha
a flor brota
da erva daninha.
Borboleta branca,
em meio ao trigo,
de um verme

um espírito nasce.
Borboleta negra
em meio ao trigo
o verão chegou
como uma tempestade.)

Em várias ocasiões as borboletas tornam-se lenços outra vez. Por exemplo, quando canto: "dobrada ao vento, as tuas lágrimas...", e seco as lágrimas da jovem noiva; ou, para contar a terceira parte da história de Kafka, utilizando a dança do lenço, inspirada em uma dança de Okinawa, com a qual eu deveria encontrar o Homem do campo. E também quando necessito de um lenço para secar as lágrimas, o suor da testa ou para limpar o chão. E quando tenho que escorrer a água torcendo o lenço. A borboleta sob a forma de um lenço útil me permite citar outra poesia zen:

Neste mundo
inclusive as borboletas
devem ganhar a vida!

46. *Fluir e Devir*

O diretor fala:

Só estou interessado na montagem, não na criação dos materiais. Não há nem uma história nem um tema, somente desenhos dinâmicos que nos dão as direções a seguir e indicam a quais grupos associativos pertencem. É interessante descobrir o que há embaixo, o que os une. O que une a história da mulher que espera e a da mulher que refuta submeter-se? Que história estamos contando? Como seria possível escrevê-la em sua variante mais simples, com uma só frase?

A atriz escuta e aprende elementos do vídeo com os quais continua improvisando a cada dia, sozinha, na Suíte Royal (um quarto de hóspedes no sótão do teatro). Dá-se outros temas para improvisação: nascimento da peruca, Tantra (inter-relação, interdependência de todas as coisas). *Scattering*, no céu de Indra há uma rede de pérolas, o infinito. Repete todo o material que já pertence à montagem, sempre com um pequeno gravador ao lado que a acompanha com música japonesa ou com melodias tocadas por seus companheiros. Muitas manhãs, antes de conseguir trabalhar, chora. O que faz não funciona, não funciona e não funciona. No decorrer dos ensaios o diretor pede um dia a ela que vá mais devagar, e no dia seguinte ainda mais devagar, no outro mais rápido. Faça o que faça, não está bom.

Em toda essa incerteza, eu, Doña Música, a personagem, intervenho. Para contentar o diretor eu planejei proceder sem que o ritmo pudesse ser determinado. Se o ritmo é dado por uma sucessão de tempos, ou seja, uma sucessão mais ou menos rápida de intervalos contidos entre um início e um final, a minha solução era me mover sem inícios e sem finais. Assim, minha atriz também poderia encenar o fluir e o devir contínuo que havia lido no *Tao da Física*.

Tentando resolver problemas técnicos, sem saber ainda, a atriz aplicava em seu trabalho teatral o conteúdo desta frase: "No nível subatômico a matéria não pode ser encontrada com exatidão nos lugares específicos, mas mostra uma tendência a ser encontrada em um lugar em particular, e os eventos atômicos não acontecem com certeza em determinados instantes e determinadas maneiras, mas mostram uma tendência a ocorrer".

Para Julia a solidão daquele período era equivalente aos primeiros meses em que viveu na Dinamarca. Há ciúmes, o trabalho parece que já não é produtivo e ela se pergunta seriamente se deve abandonar o grupo e o espetáculo. Pede conselhos e respondem que ela deve continuar. Entretanto, ela retirou todos os seus pertences do camarim e jogou-os no corredor. Mas Lluís, um dos assistentes de direção, colocou tudo de volta.

47. A Chuva

Em 1976, no parque Lambro em Milão, durante a festa do *Re Nudo*,[4] enquanto os jovens ouviam os shows de música, começou uma forte chuva. Por problemas de segurança os shows já não podiam continuar, mas os jovens continuaram a dançar sem cessar acompanhados de uma música popular gravada por um grupo escocês e que foi repetida infinitamente. Alguns ficaram nus. Os braços balançavam-se no alto, acolhendo a chuva que continuava a cair.

A pá tinha tocado o silêncio enquanto vinham nuvens de longe e sentia-se o perfume no ar. Era um perfume excitante, como a chegada da primavera, algo a ser comunicado aos que estavam ao meu redor. Em seguida a pá tinha recolhido e sepultado as roupas coloridas.

48. Nossos Nomes

O diretor queria que todas as atrizes estivessem na sala antes de revelar tudo o que havia pensado durante os meses livres. Todos tinham que estar ali ouvindo o que finalmente seria uma definição, a fim de ajudar seus companheiros de trabalho. Por muito tempo ele ficou conturbado pela sua incapacidade de tranquilizar as atrizes. O material decidia por conta própria e ordenava para qual direção caminhar. Ele tinha que se transformar em algo em que também as atrizes podiam determinar, guiar e entender. Mesmo Frans estando enfermo, Eugenio não pôde esperar mais:

> Há um homem que não quer morrer e chega ao único lugar onde não se morre: o teatro. Não se morre quando se faz um bom espetáculo. Aqui fazemos um bom espetáculo: o Ritual da Porta.
>
> E aqui as personagens do Ritual da Porta ou da história do Homem que não quer morrer:

---

[4] Literalmente "Rei Nu". Trata-se de um movimento juvenil alternativo que se desenvolveu na Itália durante os anos 1970. (N. T.)

Torgeir: o Homem que não quer morrer
Jan: o Guardião da porta
Isabel: A Irmã gêmea do Guardião da porta
Roberta: a Mãe que busca por seu filho raptado pela morte
Tina: a Esposa do povo
Kai: o Marinheiro que viu uma sereia
Frans: O Filho deserdado do Diabo
Julia: Doña Música que consola a quem ri até as lágrimas
Iben: o Homem do campo

O espetáculo apresenta uma realidade romanceada, inventada, onde podemos utilizar nossas leis, que seguem a lógica própria da criação. A história é simples: ao Homem que não quer morrer foi dito que pode viver na realidade do Ritual da Porta, onde se conta a história de um homem que espera e da Mãe que busca seu filho raptado pela Morte. O Homem toma parte no Ritual e tudo termina com as palavras da Bíblia, que são: "Se queres viver, deves morrer". No final, o Homem morre para viver eternamente. Esse é o quadro em que as personagens são postas para dar informações.

Qual é a história do Marinheiro que viu uma sereia? Quando eu era um marinheiro e vi uma sereia, eu não pude falar nada porque não tinha nenhum acordeão e não sabia cantar. Quem já viu uma sereia está condenado a ser corcunda, corcunda de música. Não uma corcunda inerte, atrás, mas uma corcunda à frente: um acordeão cheio de notas. Todas as canções aprendidas respondem à nostalgia de querer ver novamente a sereia. O marinheiro é uma pessoa simples que através de sua profissão compreendeu as coisas simples de sua relação com os demais. Às vezes deve estar aqui, outras, não participar, outras, estar pronto a intervir. Depois de ter estado tantos anos no mar, a vida no povoado lhe parece estranha. Desde pequeno vira no povoamento esse Ritual da Porta, que logo foi descrito por um pesquisador alemão no final do século XIX e início do século XX.

O Ritual é um *moralität* profano que quer fazer refletir sobre o sentido da vida, na mesma linha do texto de Hofmannsthal, *Jedermann*, a história de Qualquer Um. Um homem rico convida os amigos para um banquete e chega uma pessoa que não foi convidada, a Morte. Mesmo o rico e poderoso, mesmo Colombo ou Stálin, a pessoa não convidada virá sempre. Essa é a moral ao redor do símbolo da porta. Há quem tenta ultrapassar o limiar, que espera com aceitação em frente à porta, seguindo o destino de forma hinduísta. A pessoa que quer atravessar a fronteira pertence à identidade europeia, como na *Odisseia* ou em *A Divina Comédia*. Ulisses torna a partir e desaparece no mar desconhecido, impulsionado por aquilo que os gregos chamavam de *hybris*, arrogância. Como a mulher que procura seu filho: quando se chega ao mistério, deve render-se ao fato de que não há uma explicação de por que temos que sofrer e de por que a morte existe. Como em Oberhammergau, onde a cada dez anos se representa a paixão de Cristo, os papéis são passados hereditariamente de pai para filho. Também aqui no Ritual da Porta as personagens são passadas hereditariamente.

Segundo esse estudioso alemão, tudo começou em 1600-1700, durante as guerras de religião. O problema foi que, num momento, a pessoa que tinha o papel de Homem do campo teve uma filha. Portanto, a tradição mudou e o papel passou de pai para filha. A complementaridade que pertence à vida, inclusive aquela do homem e da mulher, foi inserida no Ritual da sabedora da tradição popular.

Isabel colabora com Jan. Um em um lugar e o outro em um lugar diferente deste, eles mantêm o controle do espaço. Devem deixar clara a consciência de que a porta, a barreira, o confim, existe. Sabemos que a morte existe, mas os distintos eventos da vida cotidiana fazem-nos esquecê-la. Para nos lembrar disso, está ali a porta, juntamente com o som contínuo produzido por Jan e Isabel.

(Eugenio pede a todos os que estão na sala para imaginar como seria o Filho deserdado do Diabo; há muitas respostas, dentre as quais uma que diz que deveria parecer-se com Andreotti, um político italiano.)

Se o Filho deserdado do Diabo tem o aspecto de um político, como vocês disseram, ele entrou para um grupo de teatro. Dado que o mal tem a ver com a vida cotidiana, e ele escolheu o teatro, ele foi deserdado. É como uma macieira que quer produzir peras. Se você é capaz de fazer boa música, não finja ser Marlon Brando.

Não está claro por que os camponeses criaram o papel da Esposa do povo. Uma versão afirma que a Esposa pura e inocente, vestida de branco, se deve à intervenção da Igreja Católica na história dos camponeses, para introduzir a Virgem Maria. Outra interpretação é mais marxista: o patrão dos camponeses queria que sua filha participasse do Ritual e que tivesse um papel fino, aristocrático. Outra versão diz que, originalmente, o papel era interpretado por uma verdadeira prostituta; mas quando o estudioso alemão viu o Ritual, isso já havia mudado. Essas versões dão a Tina três fios para tecer. Uma é a Virgem Maria, uma figura protetora que nos mostra como no momento da morte todos tendem para a mãe que nos protegeu. Os cristãos a representam como uma mulher jovem, para mostrar a fragilidade. Mas você, Tina, também pode ser uma mulher aristocrática consciente, mas um pouco distante; ou a mulher que conhece todos os homens. Isso determina a relação que as demais mulheres têm com você. Algumas a odeiam, porque o ciúme permite cultivar o nosso sentimento demoníaco.

Quem é Doña Música? Pode-se afirmar que a religião trouxe consigo a Inquisição, as Cruzadas e as guerras, mas era também uma fonte criativa para os crentes. Doña Música crê escutar música e sempre dança com essa música. Hoje a consideraríamos uma louca. Dança porque os anjos tocam para ela. Também as pessoas que olham

Doña Música nos olhos têm vontade de dançar. Isso a faz imprevisível. Quando atua, é difícil que seja precisa, como os crentes montados pelos Orixás. O diretor a tinha instruído como fazer, mas ela não respeita as partituras. Dado que está um pouco louca, por que não deixá-la livre? Uma vez vi uns dervixes dançarem com suas flautas, tambores e canções repetitivas. De vez em quando inclinavam-se com um movimento brusco que ajuda a desencadear o transe. Na dança estava uma pessoa espástica que não respeitava a precisão. Todas as pessoas que estavam em transe conseguiam evitar essa pessoa espástica. Doña Música faz coisas estranhas, mas doces, que não seguem as regras. Pega o prato para recolher o dinheiro, mas sem seguir os camponeses que queriam fazer como na Igreja Católica. Os camponeses de Maglie, em Salento, Itália, fazem a procissão da Sexta-Feira Santa em smoking porque tinham visto as pessoas da classe alta se vestindo elegantemente. Doña Música quebra a etiqueta. Assim como as pessoas com deficiência no espetáculo de Richard Fowler, que entravam e saíam do papel quando queriam ajudar a um deles que havia caído ou que teria dificuldades de vestir a jaqueta.

O Ritual diz que cada pessoa é especial. Cada elemento desse buquê, cada flor, é algo em si mesmo; sabem como colaborar, mas cada um é especial.

Faz-se o Ritual para lembrar ao resto do povo que existe a Porta, que existe a complementaridade, que existe o que aceita o destino e o que não o aceita, o que segue a lei cósmica e o que quer ultrapassá-la.

O estudioso alemão discorre longamente sobre esse Homem que não quer morrer porque falha ao entender esse papel e sua inclusão na dramaturgia da peça.

O texto começa com "Santo é só aquilo que não se pode dividir", logo entra um homem que pede algo e é respondido com um sim, que pode entrar na memória das gerações, que pode participar do Ritual da Porta. Por que não foi colocado entre o público para que visse o Ritual? Por que esse Homem que não quer morrer tem um contato privilegiado com a Esposa do povo?

O estudioso alemão aponta que ao final o Homem morre, e em seguida descreve a cena chamada "borboletas". Nessa cena aparece um morto, um cadáver em processo de putrefação e borboletas que saem dele preenchendo todo o povoado.

KAOSMOS, IBEN NAGEL RASMUSSEN, JULIA VARLEY

O estudioso alemão não viu essa cena, mas encontrou-a no manuscrito dos camponeses. Os textos dos últimos rituais perderam muito o seu caráter forte e teológico, e restaram poucos. Alguns são transmitidos mais por brincadeira do que para servirem a uma representação. Mas sempre, na primeira cena, há uma apresentação de todas as atrizes. Vemos toda a *maya*, a ilusão do mundo. Logo começa o Ritual da Porta.

49. Um Dia III

Um dia...

Um dia Roberta e Julia fazem por sua conta uma montagem com as ações enquanto estão sentadas no banco e Tina canta. A luz é fraca. Utilizam ainda o que haviam feito em *O Bilhão*, reduzindo as ações no espaço. Elas têm grandes dificuldades para lembrar o que compuseram.

Um dia Torgeir começa a trabalhar com a imagem de Jens Bjørneboe, um escritor cansado da vida, um beberrão, ausente de tudo o que se passa ao seu redor. Somente às vezes observa e participa.

Um dia a faca é substituída pelo machado e o prato é substituído pela bandeja com os cisnes.

Um dia o Homem do campo tira do seu bolso uma pesada pistola, aponta-a para a cabeça e em seguida para o céu, logo renuncia e deixa a arma cair no chão. Esse novo objeto que aparece repentinamente surpreende. É tão real depois de tudo o que temos visto. Ao final permaneceram somente as ações, sem a arma.

Um dia Eugenio presenteia Torgeir com um relógio de bolso que dá as horas com uma batida suave. Esse relógio foi dado a ele por uma amiga polonesa há muitos anos.

Um dia retorna Frans. Ele é colocado detrás de uma das estruturas com telas cobertas de tecido que limitam o espaço cênico. Uma vela é acesa para refletir a sua presença na tela. Começamos a trabalhar com as sombras. Frans tem que conhecer o som do espetáculo para que possa introduzir o seu violino.

Um dia aparece uma rede para ajudar a aumentar a angústia que deveria dar à cena de Kai. A rede está sobre a porta, que é retirada por Isabel, que a põe ao redor de Kai, depois Julia pega-a e lança-a para Torgeir. A rede permanece algumas semanas, e depois, um dia, desaparece.

Um dia o diretor começa a trabalhar com as cenas do Homem que não quer morrer junto com a cena da Esposa do povo, como se fossem episódios da vida de Jesus Cristo. Ele descobriu como transformar a história banal de um casal em algo maior.

Um dia, antes de recolher o dinheiro do público, o espetáculo é interrompido para a explicação de que faremos uma coleta de dinheiro para o telhado do teatro que o grupo Yuyachkani está construindo no Peru. Esta foi a última tentativa de fazer a coleta dar certo.

Um dia Julia sugere a Eugenio que mude a montagem da apresentação no espetáculo. Colocando a apresentação das personagens antes da cena de Kai, pode-se utilizar esta última para apresentar o Marinheiro que viu a sereia, cortando o resto. Assim, para mostrar o Filho deserdado do Diabo, basta abaixar a porta.

50. Os Demônios

Jan e Tina trabalham com uma sucessão de posições de estátuas: casais abraçando-se e várias maneiras de matar uma pessoa. O diretor comenta: "É como ver em câmera lenta quando alguém perde o controle".

Penso nos demônios de Eugenio, nos momentos em que ele também perde o controle; penso em todas as coisas de sua vida que estão entrando no espetáculo e que ele diz não reconhecer. Ele afirma nunca trabalhar a partir de suas experiências privadas ou pessoais.

51. Kill your Darlings[5]

10.02.1993, chega o período intelectual. Começamos a trabalhar nos textos de Jan e Torgeir, do Guardião da porta e do Homem que não quer morrer. Tudo gira em torno da vida eterna da personagem de teatro, sobre a diferença entre a pessoa que conhece sua última cena e aqueles que, ao contrário, não a conhecem. Os textos, que são muito abstratos, convertem-se na causa das intermináveis discussões sobre as palavras e suas possíveis traduções (papel, personagem, caráter, atuação, jogo, interpretação...), que, ao final, tornam-se dissertações filosóficas inseridas na montagem.

---

[5] Expressão inglesa – literalmente "mate seus queridos" – utilizada por Alfred Hitchcock para dizer que uma artista deveria ser capaz de suprimir aquelas ideias próprias que, apesar de serem as mais queridas, podem entorpecer a coerência final da obra. (N. T.)

O diretor se verá obrigado a "*kill his darlings*": a cortá-las. A personagem realmente conhece sua última cena? As atrizes alegam que não. Algumas personagens morrem no final da representação do seu espetáculo e, no fim de cada apresentação, ressurge a atriz, não a personagem. E os espectadores? Também eles morrem ao final quando regressam para casa, talvez transformados? O diretor certamente teria muito mais a dizer sobre esse tema, mas ele deixou isso para o programa do espetáculo.

Também meu comentário sobre tudo isso, emprestado de Doña Música, de Claudel, foi cortado do espetáculo. Somente por alguns dias eu disse: "Quando não podemos nos servir da palavra para além da discussão, por que não se dar conta de que através do caos há um mar invisível à nossa disposição. Quem não sabe falar, que cante".

No processo de criação de um espetáculo, chega um momento em que as atrizes necessitam de tempo para absorver, e o diretor deve ser paciente. Durante esses dias, Eugenio trabalha com Nando, e o estudioso "alemão" que escreveu sobre o Ritual da Porta converte-se em Gombai, o húngaro que aparece no programa de *Kaosmos*.

Durante esse período, o espetáculo é como um enorme avião que se move pela pista sem conseguir decolar. O diretor pensa em voz alta:

> Temos uma estrutura oca que pode chegar a ser portadora de vida. Agora mesmo tudo está fragmentado, mas o espetáculo em que cremos é aquele em que todos os elementos crescem juntos até converterem-se em tudo. O papel de Torgeir é crucial, pois o espetáculo se constrói ao seu redor. Por que afinal aceita morrer, transpassando o limite ao qual temos dado o nome de morte? Quem é este homem que não quer morrer? A cena final é o que decide. Há que se construir uma realidade onde o tempo não exista, ou seja, a eternidade. Passar o prato para recolher dinheiro é importante porque obriga o espectador a passar do tempo do teatro ao tempo real e do tempo real ao tempo do teatro novamente. As ações giram em torno de Torgeir.
>
> Eu tinha vontade de fazer uma biografia de Cristo. Tenho me inspirado no romance de Saramago *O Evangelho segundo*

Jesus Cristo, onde ele conta o que todo mundo sabe, mas mostrando que não foi exatamente assim. Saramago descreve de maneira muito realista uma Maria de dezessete anos, bela e atraente, junto a um José de vinte, que, ciumento, quer mostrar sua autoridade. É madrugada, José não dorme; Maria, deitada na cama, tem sua roupa levemente erguida, José não resiste. Nasce um menino. No fim, quando o crucificam, Jesus vê o céu que se abre, vê Deus, seu pai, e vê a consequência do que ocorre com as pessoas que acreditam nele, ele vê a Inquisição, as Cruzadas e as guerras religiosas. Então ele abaixa a cabeça e diz às pessoas que estão ao pé da cruz: "Perdoa-o, porque ele não sabe o que faz". Saramago me fez voltar ao antigo desejo de fazer uma biografia de Cristo, uma personagem que pertence a muitas situações mentais inventadas pelo homem. A natureza ensinou-nos que da morte renasce algo. O sol se põe e nasce novamente, o trigo torna a crescer. O trigo também é o corpo de Cristo que renasce quando é comido, como no Ritual, onde há que se morrer para viver.

O espetáculo tem outras perspectivas, por exemplo, o conto de Kafka, a espera que se converte em uma tragédia existencial trivial. Da mesma forma que se fazem triviais os sucessos trágicos que provocam reações apáticas, como diante das notícias de massacres na Iugoslávia. Todos os fios devem ser colocados juntos e terminar com um nó forte. Nós construímos uma casa no ar. A imagem final é de milhares de pequenas larvas que de repente tornam-se borboletas e começam a voar e a preencher toda a sala. Agora, temos de fazer as larvas.

52. *Ressurreição*

O diretor sugeriu à atriz a imagem de um peixe emaranhado na rede.

O Homem que não quer morrer parece ter entrado nos espasmos de uma mudança de consciência. Eu o visto com uma saia branca e uma faixa no peito enquanto o Guardião da Porta sepulta suas roupas velhas. Queimo um pedaço de pano que ainda não é uma borboleta. Enquanto giro ao redor do Homem que não quer morrer, dedico essa montagem de poesias zen a ele através de gestos:

> Encantada com seus ouvidos doces
> eu juntei as folhas e as queimei.
> Quão inocente era o seu rosto na fumaça
> que subiu – eu queria
> vagar dentro das curvas destas orelhas,
> mas você agarrou com força
> a sua vida, os teus cabelos
> suaves cheiravam a fumaça.
> Aprenda com isso – ao ver a morte
> está vendo um outro, nunca a si mesmo.
> A vida é como nós
> a encontramos – e assim a morte.
> Um poema de despedida?
> Uma nuvem atravessa o alto.
> A lua zarpa.
> Por que insistir?
> Junta a lenha
> prepara-a para a queima.
> Magnífico! Magnífico!
> Ninguém sabe a palavra final.
> O leito do oceano está em chamas.
> Vindos de lugar nenhum
> aparecem carneiros de madeira.

53. *A Morte do Cisne*

Trabalhamos com a história da *Mãe*. Durante os meses de pausa, Iben havia desenvolvido uma enorme variedade de entonações com pequenas ações para dizer o texto como uma verdadeira contadora de histórias. Agora o diretor tem que encontrar soluções cênicas para o que se conta. No começo, as cenas são extremamente descritivas, logo, com a montagem dos materiais de Roberta, começam a se afastar da literalidade. Inserem-se pausas no texto, assim como pequenas partes traduzidas em italiano por Roberta e em inglês por Julia.

Na história há uma passagem em que a Mãe dá seus cabelos à guardiã da estufa, recebendo em troca uma cabeleira branca. Durante horas e horas trabalhamos na passagem da troca da peruca entre Roberta e Julia. Tentando iniciar com o pé direito, o diretor dá às atrizes um tema de improvisação – a morte do cisne – para que elas possam produzir alguns materiais e não pensar apenas tecnicamente. Mas o problema técnico que deve camuflar a troca da peruca permanece. Dedicamos horas inteiras de trabalho à posição dos dedos, no segundo exato de passar de um dedo para o outro. Depois da troca, Roberta fica com a peruca e o diretor queria que Julia ficasse com os seus cabelos naturais. Julia, em troca, sabendo que seus cabelos suados nunca seriam bonitos como os da Roberta, tenta utilizar o véu negro que havia costurado. O problema técnico se muda para o

KAOSMOS, IBEN NAGEL RASMUSSEN, JULIA VARLEY

livreto que se enrosca com os cabelos e a peruca, e com a presilha que mantém tudo no lugar. As dificuldades impossíveis de ser superadas são escondidas baixando-se a luz.

54. Retoque

02.03.1993, começa o período dos ensaios abertos para os estudantes de todas as idades de Holstebro. Alguns figurinos ainda não funcionam. Eu – esqueceram que eu sou Doña Música? – tenho que renunciar a alguns véus e ao chapéu; o corpete amarelo é substituído por um verde e o vestido fica muito mais preto. Coloco em mim um dos mantos árabes que retornaram à sala para o Filho deserdado do Diabo, de modo que, repentinamente, também nos tornamos um casal. A Noiva do povo está chorando não apenas em cena, mas também fora dela, até que é encontrado para ela um figurino que é uma costura de saia com uma jaqueta de tecido mexicano que havia sido pensado para o Homem que não quer morrer. Ele continua com seu terno cinza, um figurino de administrador municipal ou viajante de comércio.

55. O Trigo

Tina fez uma coroa que mantém seu véu de noiva entrelaçando espigas de trigo. Ela comprou uma caixa de espigas de trigo seco na venda local. O trigo foi colocado em todos os lugares possíveis da montagem.

Somente agora começo a dizer: "*Where there is sea, there will be cornfields*" (Onde há mar, haverá plantação de trigo), anunciando o oposto da visão profética do velho santo de Canudos.

O diretor pergunta a todos o que se pode fazer com o trigo e com a porta. Leo transforma Frans em um espantalho, cobrindo também sua cara. Essa máscara será utilizada para a aparição final do Filho deserdado do Diabo. Iben coloca os trigos ao redor do quadro e, em seguida, fecha a porta. O trigo levanta-se. Havia sucedido o milagre e já tínhamos o nó final do espetáculo.

56. Mudanças

26.03.1993, faltavam poucos dias para a estreia. O final do espetáculo mudava a cada vez que repetíamos a montagem dessa cena. Contudo não tínhamos colocado todos os coros que Frans havia composto para o conto de Kafka. Os cantos nos causam problemas porque um momento emotivo tinha passado a ser um momento épico. Tínhamos que ensaiá-los e reensaiá-los, até mesmo quando estávamos no quarto do hotel, em nossas turnês. Colocou-se um novo texto para ser cantado enquanto "semeia-se" o trigo na porta.

Dentro de alguns meses trabalharemos com a terceira cena da Mãe. O Homem que não quer morrer tem que fazer o milagre de voltar a fazer a Mãe enxergar novamente. A Esposa do povo oferecerá seus primeiros sapatinhos recobertos de prata, por onde a Mãe olhará e descobrirá o futuro do seu filho. Com a borboleta já não perseguirei o Homem do campo, mas será ele quem me perseguirá, brincando de agarrar a borboleta.

57. 01.04.1993

Dia da Mentira!

58. Espectadores

Apresentamos *Kaosmos* no Festival das Nações, no Chile. Em frente ao palácio presidencial estão acampados os índios mapuche, que pedem que se reconheça a apropriação ilegal de suas terras pelo Estado. Todos os dias aparecem nos jornais matérias sobre a busca da verdade por parte dos familiares dos "desaparecidos" (pessoas desaparecidas na ditadura).

Uma mulher vem da Argentina para ver *Kaosmos*. Não tem nenhuma dúvida sobre o tema do espetáculo: reconhece em seguida as Mães da Plaza de Mayo que tentam saber do destino de seus filhos e os mapuches que esperam em frente ao palácio da Lei.

KAOSMOS, JULIA VARLEY, KAI BREDHOLT

Apresentamos *Kaosmos* em Budapeste, onde todo mundo reconhece as músicas e os vestidos da Transilvânia e nenhuma pergunta é feita sobre quem é Gombai. Vem uma moça de Belgrado para assistir ao espetáculo. Depois nos escreveu. Havia visto a geração que tinha esperado diante da porta e a geração que tinha transpassado o limite. Ela pergunta-se qual é a geração à qual pertence.

59. Última História

Agora estou ocupada com outras coisas, trabalhando em um novo espetáculo. Já não tenho vontade de falar de *Kaosmos*, o espetáculo que me ensinou a presença da ausência, a importância do não fazer. Agora eu quero me dedicar a outras histórias, para poder descobrir como dançar em um espaço reduzido e falar de simplicidade com palavras que nem sequer eu entendo. Minha voz tem que aprender como contar e dizer sobre a experiência da borboleta que primeiro voa e depois queima somente com uma leve mudança de entonação de voz.

Kaosmos começou com um velho fantasma que vaga pela Europa. Agora na Europa vagam a xenofobia, a guerra e o desemprego. O espetáculo termina com os jovens decididos que convincentemente reivindicam o futuro pisoteando o passado. Quem ousará impedir a sua marcha? Entre o princípio e o final apresenta-se o que mais me surpreende: que no teatro é possível encenar o verbo esperar.

* * *

Tenho contado tudo isso com a esperança de que poderás aceitar que tudo o que digo é verdade e não é, que a criação de um espetáculo é possível e impossível de explicar. Terão essas histórias alguma serventia? Eu não sei, mas tenho fé, porque aprendi que:

> Vento ao oeste
> e as folhas caídas
> são recolhidas ao leste.

AS BORBOLETAS DE DOÑA MÚSICA,
JULIA VARLEY

capítulo 3

DE LAGARTAS NASCEM AS BORBOLETAS,
DO PROGRAMA DO ESPETÁCULO
AS BORBOLETAS DE DOÑA MÚSICA

O que a lagarta chama
de fim do mundo,
o resto do mundo
chama de borboleta.
(Lao Tsé, *O Livro do Caminho e da Virtude*)

Doña Música está sentada em uma poltrona e conta histórias como se fosse uma avó. Ao seu lado sobre a mesa estão os seus objetos mais estimados, os únicos necessários. A história deveria ter sido íntima e sua voz seria usada para chamar a atenção, seduzir ou assustar as pessoas com as pequenas variações características dos contos de fadas. Doña Música não tinha pensado em fazer um espetáculo teatral, mas a sua natureza aproveitou-se dela. As histórias expandiram-se e a sua voz começou a buscar os ouvintes que estavam mais distantes do que as crianças sentadas no chão ao redor da poltrona.

Quando penso nos meus avós e na minha bisavó, que conheci, lembro-me que as histórias mais fascinantes foram exatamente aquelas que falavam de seus passados. Onde tinham vivido, com quem, suas viagens, seus empregos, as rosas em seus jardins, os seus amores: eu queria saber mais. Agora Doña Música conta e comenta sobre o seu passado. Mas pode um espetáculo de teatro dizer como nasce e se desenvolve uma personagem que já é teatro? Eu ainda me pergunto isso. Mas, se *As Borboletas de Doña Música* não é um espetáculo, o que mais pode ser? Da física moderna aprendemos que a realidade não é conhecível, que uma vez definida já está mudada, e que a percepção da experiência depende do ponto de vista do observador. O conteúdo deste conto de Doña Música depende mais do que nunca da leitura individual do espectador, porque há muitas histórias que se entrelaçam e nesse caso também porque até a forma parece aqui fugir de um nome definido.

* * *

Eu trabalho no teatro há um quarto de século, mas não foram muitas as personagens que representei, isso porque os espetáculos do Odin Teatret podem atingir até quatrocentas apresentações. Entre estas personagens há aquelas que só existiram no espetáculo para o qual foram criadas e aquelas que continuam a ter uma vida independente do contexto que as deu a luz. Há personagens com as quais eu queria dizer alguma coisa e personagens que me fizeram dizer o que eu não sabia. Há personagens que vivem comigo só dois ou três anos e outras que estão junto a mim faz agora vinte anos.

As personagens independentes, aquelas que se recusam a morrer com os espetáculos delas, tomam conta dos seus destinos, elas decidem por conta própria e me guiam para situações, textos, espetáculos que não sou mais eu – a atriz – quem determina. É como se elas tivessem tomado o poder.

* * *

AS BORBOLETAS DE DOÑA MÚSICA, JULIA VARLEY

Quem conhece o meu trabalho já viu Mr. Peanut, a personagem com uma cabeça de caveira que nasceu para fazer *Anabasis*, do Odin Teatret. Ele começou a percorrer os caminhos do mundo e obrigou-me a fazer o meu primeiro espetáculo solo, *O Castelo de Holstebro*. Agora ele vestiu-se de mulher para dançar em *Ode ao Progresso*. Talvez por ciúmes de Doña Música e do tempo que passo com ela, ele enfiou-se no jardim e no meio das borboletas que não pertenciam a ele. E aparece no fim, disfarçado, como um alter ego de Doña Música. Ou talvez ambos sejam apenas diferentes aspectos da mesma pessoa, que na realidade sou eu.

* * *

Uma das vertentes da história de Doña Música é o diálogo entre a personagem, a atriz e Julia. A identidade é um assunto difícil de lidar quando as raízes se misturam cada vez mais. É no momento atual que ressurge o pedido de reconhecimento de países pequenos e do direito das minorias, que explodem guerras religiosas e étnicas, que abundam conferências sobre multiculturalismo – que se fala frequentemente de identidade. Eu não posso ser uma única pessoa. Encontro as minhas raízes voltadas para as estrelas e para diferentes continentes, e eu vivo com diferentes faces. O teatro me permite esta vida.

Outro fio é dado pelos conceitos de física moderna e, em particular, pelas páginas de Fritjof Capra tiradas de *O Tao da Física*. Essas palavras difíceis, essas teorias abstratas, são também um tema muito estranho para um espetáculo de teatro. Talvez seja por isso mesmo que Doña Música insistiu em confrontar os espectadores com esta realidade indescritível. A segurança dada à investigação científica no passado foi substituída pelas dúvidas científicas de hoje. Aceita-se agora que o conhecimento da realidade pode se dar através da intuição ou da dança, que a experiência foge a definições. A história começa a alimentar-se do mito, e a ciência, da arte. Fascinante foi o momento em que, durante os ensaios, mantendo as mesmas frases do resto do texto, o termo "mundo subatômico" foi substituído por "personagem" e, de repente, tudo parecia claro. É difícil entender e aceitar que essa realidade que nos rodeia seja uma tendência a existir, indo e vindo no tempo, e que ao mesmo tempo seja composta de ondas e partículas. Mas que uma personagem tenha essas qualidades parece lógico, pelo menos para mim que trabalho há tantos anos com teatro.

* * *

O diálogo entre a personagem, a atriz e Julia abarcou também o diretor. É ele quem é capaz de realçar aquele humor que todo mundo reconhece como meu. Ele é o olho externo que decide o que cortar e é quem intervém sobre o tempo-ritmo, quem não perdoa erros e não é compreensivo com as fraquezas, quem procura construir múltiplas significações e esforça-se para encontrar novas soluções. O diretor está presente através da reconstrução do processo de criação de *Kaosmos* e faz a sua aparição como a lagarta peluda que prefere não se tornar uma borboleta. Apesar de Doña Música provocar, em tom de brincadeira, lembrando seus mal-entendidos, ela está consciente de que a felicidade acontece exatamente quando o diretor esquece-se de centrar seu olhar nas correções e torna-se um espectador visionário.

* * *

No campo científico existem não apenas átomos e partículas subatômicas, mas também células e sistemas complexos. O estudo da transformação de uma lagarta em crisálida e da crisálida em borboleta pertence a esse nível de realidade que se acredita poder conhecer. Mas esse momento de transformação onde

um aparece em dois
e dois em um

revela novamente uma verdade que você não pode entender. E é essa mesma transformação que Julia, a atriz e a personagem gostariam

AS BORBOLETAS DE DOÑA MÚSICA,
JULIA VARLEY

de revelar mostrando aquele momento privado e secreto que não pertence ao palco, quando o figurino e a maquiagem são retirados. A intenção é justamente a de penetrar nesta área misteriosa, renunciando à teatralidade, à ação e ao jogo, para tocar a vulnerabilidade de uma borboleta que tem apenas 24 horas de vida.

***

Foi do espetáculo *Kaosmos* que surgiu novamente o tema da ilusão. O que Doña Música está segurando é um lenço ou uma borboleta que voa? O que Doña Música representa é real ou criação da imaginação? Ambos. Se o teatro ainda seduz não é só porque ele estabelece uma relação entre dois seres humanos vivos – a atriz e o espectador –, mas também porque apresenta ao mesmo tempo a realidade e a sua representação. Torna-se tanto experiência quanto transcendência, tanto identificação quanto distanciamento. Doña Música realmente corre e realmente voa. Doña Música canta e o canto vindo do espaço em torno dela a encobre. Doña Música explica como construir uma personagem teatral e revela Julia, que lembra como criou a personagem. Doña Música está sentada na poltrona e, ao mesmo tempo, evoca a vida, a morte, a velhice, o recém-nascido, o átomo, o detalhe, o caos e um mar de escuridão.

***

O que em *Kaosmos* era subtexto, em *As Borboletas de Doña Música* torna-se texto. Os poemas zen, indicados a mim pela física moderna, que foram o ponto de partida para as ações de Doña Música no primeiro espetáculo, estão agora explicitamente apresentados ao espectador. Uma vida escondida é revelada para desvelar outras caixas chinesas, outros mistérios.

Borboleta branca
zanzando entre cravos
espírito de quem?

Eu poderia dizer que todo o espetáculo está contido neste poema. Mas se Doña Música não me tivesse forçado a trabalhar em *As Borboletas de Doña Música*, eu nunca teria descoberto a riqueza que está por de trás dessas simples palavras. Só lamento que os cravos que eu imaginava serem vermelhos tenham se tornado as flores que no espetáculo quiseram ser brancas.

***

As borboletas pousam sobre as flores e as flores cobrem as luzes. O círculo é um mundo mágico e o pano que cobre os fios elétricos é visível. Doña Música vive em um jardim e vem de fora para surpreender os espectadores. Doña Música colhe flores no mundo e vem ao seu jardim com a colheita. Mr. Peanut continua a me acompanhar e a imagem final é a morte rindo e dançando com uma borboleta azul espetada e emoldurada. A borboleta azul vem do Brasil e é preciosa porque ela vive um dia apenas.

Agora as borboletas, as flores, o jardim têm um outro sentido. Doña Música poderia ser a Morte. Mais uma vez, o "efeito borboleta" explica como pequenas causas podem ter grandes efeitos. Da morte de um espetáculo nasceram flores, borboletas e um *novo* espetáculo. *Kaosmos* não existe mais e as borboletas de Doña Música dançam em seu lugar. A peruca é removida. O figurino está encharcado de suor e Julia sorri para as leves borboletas coloridas de papel de seda que invadem a sala.

AS BORBOLETAS DE DOÑA MÚSICA.
JULIA VARLEY

AS BORBOLETAS DE DOÑA MÚSICA, JULIA VARLEY

capítulo 4

AS BORBOLETAS DE DOÑA MÚSICA,
TEXTO DO ESPETÁCULO

I

Eu sou Doña Música, sou uma personagem de um espetáculo, *Kaosmos*. Meu nome é inspirado na personagem de *Le Soulier de Satin*, de Paul Claudel, uma princesa que sussurrava "quem não sabe como falar, que cante!". E este é o meu jardim, eu moro aqui entre flores e borboletas.

Borboleta branca, zanzando entre as flores, espírito de quem?

Como é que eu nasci? Foi a atriz quem me deu vida? Ou fui eu, a personagem, quem revelou a atriz? Foi a atriz quem moldou as suas energias e transformou-as em Doña Música? Ou fui eu, Doña Música, quem tem modulado as energias da atriz?

Essas perguntas não levam a lugar algum. Porque a personagem é uma tendência, uma tendência a existir, como aquelas partículas que saltam e dançam em um átomo. A personagem é algo que está no meio entre a ideia de um evento e o evento em si, um estranho tipo de entidade física bem no meio entre possibilidade e realidade.

Em *Le Soulier de Satin*, Claudel faz sua Doña Música dizer: "Quando a palavra só pode ser utilizada para argumentar, por que então não perceber que através do caos há um mar de escuridão à nossa disposição". Um mar de escuridão...

II

Cada um de vocês tem uma árvore de vida, ou uma flor, elas são como outras plantas, mas têm um coração que bate, ouça-o!

> O rebanho de asas
> segue o perfume,
> nunca parado e imóvel,
> fluindo e sorrindo,
> apoiando-se no ar.

Três curiosas borboletas perguntavam-se: o que é o fogo? A primeira voou em torno da chama, a segunda foi atraída pela luz e teve medo do calor, a terceira voou direto para o coração do fogo e queimou-se. Ela sabia o que era o fogo, mas não conseguia explicar.

Onde há mar, haverá campos de trigo.

III

Enquanto as personagens, as atrizes e o diretor estavam empenhados na criação do espetáculo *Kaosmos*, minha atriz – Julia – lia um livro de difusão científica: *O Tao da Física*, de Fritjof Capra. Ela sublinhou algumas passagens que davam indicações do segredo do que ela queria fazer no novo espetáculo: o infinito, ser e não ser, mudança e fluxo, a sombra, o que não pode ser sabido e entendido, a dança e o dançarino que são uma só coisa...

AS BORBOLETAS DE DOÑA MÚSICA, JULIA VARLEY

Julia ficou surpreendida com a sabedoria da física moderna que parecia redescobrir o conhecimento das filosofias asiáticas antigas. Ela queria traduzir no comportamento concreto de uma personagem teatral esses conceitos abstratos que revelaram verdades que ela não podia entender. Ela havia sublinhado essas frases no livro: alteração e movimento sem descanso; subindo e descendo sem fixar-se; mudando constantemente de direção; é como a água em seu movimento; o seu silêncio é como um espelho; segue e não conduz.

IV

Ouvindo esta música, eu, Doña Música, fiz meus primeiros passos. Eu descobri como se moviam os meus braços, as posturas do meu corpo e as possíveis posições da minha cabeça. Eu descobri onde colocar meu peso e onde esconder a minha força.

Acompanhada por essa melodia minha voz tem encontrado entonações para a realidade da ficção teatral. Quando a palavra só pode ser utilizada para argumentar, por que então não perceber que através do caos há um mar de escuridão à nossa disposição. Quem não sabe mais falar, que cante, sim, cante!

V

Mas o diretor não estava satisfeito. Um dia, ele me pediu para ir mais devagar, o dia seguinte para ir ainda mais devagar e no outro para eu me mover mais rápido. Para contentá-lo eu planejei proceder sem que o ritmo pudesse ser determinado. Se o ritmo é dado por uma sucessão de tempos, ou seja, uma sucessão mais ou menos rápida de intervalos contidos entre um início e um final, o meu segredo era mover-me sem inícios e sem finais.

Assim também a minha atriz pôs em cena aquele fluir e devir constantes sobre os quais havia lido, aplicando o conteúdo desta frase: "No mundo de um átomo a matéria não pode ser encontrada com exatidão em lugares específicos, mas mostra uma tendência a ser encontrada em um lugar particular, e os eventos atômicos não acontecem com certeza em determinados instantes e determinadas maneiras, mas mostram uma tendência a ocorrer".

Uma crisálida, aguardando o momento certo do voo. A crisálida vive na casa do não mais ser e não ser ainda.

Chuang Tzu, o filósofo, tinha sonhado ser uma borboleta. Ou foi a borboleta que sonhou ser Chuang Tzu?

VI

O diretor queria no final do espetáculo uma sala invadida por borboletas. Todo o piso repleto de larvas que se transformam em borboletas, preenchendo o espaço com seu voo frágil e colorido. Frágil? Mas as borboletas têm resistido na Terra mais tempo que os dinossauros! Elas chegaram juntamente com os dinossauros há mais de 150 milhões de anos. E elas continuam a voar. Enquanto as feras gigantes foram extintas há 65 milhões de anos. Ainda há mais de 20 mil espécies de borboletas! Quais borboletas queria o diretor?

Ele queria a Esconde-Esconde? A Esconde-Esconde sempre voa atrás de alguma coisa; uma pessoa poderá virar-se o quanto puder, mas não a verá porque sempre estará nas suas costas. Ou o diretor queria a Linguina Gomitulis, que tem uma língua longuíssima que se desenrola como uma corda e serve para capturar a mais rápida centopeia e dá-la de presente aos pardais. A Zigue-zague Vaporosa, que solta fumaça da boca e voa de costas em zigue-zague e emite um assobio semelhante ao de água fervente numa chaleira. Ou queria a Goofus Goofang, que voa de cabeça para baixo e para trás, porque não se importa para onde vai, mas de onde vem. Ou a Gilly Cubis Galoo, que procura flores na inclinação do Lunático Canyon e põe ovos quadrados para impedi-los de rolar para o fundo do precipício. As crianças de Las Vegas costumam ferver esses ovos para usá-los como dados. Ou a

Nelson-Nelson, que tem apenas uma asa e gira como um pião, e sua cor varia de acordo com as estações do ano e de acordo com o estado do humor de quem a observa.

Mas o diretor queria apenas borboletas normais. Tentei tornar-me uma borboleta normal. Comecei sendo uma lagarta.

>Uma lagarta peluda com muitas pernas,
>algumas escamosas, garras, pontudas
>outras curtas, aderentes, contráteis,
>para um melhor arrastamento nas folhas
>como uma ginasta, bem firme.
>
>Voraz é a boca da lagarta,
>armada com mandíbulas afiadas e sólidas
>que cortam com um puxão e, abaixo destas,
>outras mandíbulas menores
>mastigam as fibras.
>E no meio disso há um buraco
>que enrola um fino fio de seda.
>As lagartas são os peregrinos da forma.
>
>Um dia o veludo de sua pele
>começa a desbotar,
>as pernas fixadas às folhas
>com lodo adocicado,
>um desconhecido espasmo as atormenta:
>ser outro, sair de si mesmo.
>Elas dilatam-se, apertam-se, contraem-se,
>tremendo e curvando o corpo,
>aproximam-se de um tronco,
>uma coluna, uma parede
>e sobem lá em cima e, no topo,
>pregam-se nos ganchos das pernas traseiras
>e deixam-se cair, de cabeça para baixo,
>como acrobatas no trapézio.

Um dia inteiro ficam penduradas, imóveis.
E eis as torções do corpo e rachaduras,
ela libera a cabeça da antiga cabeça,
pernas novas brotando das pernas velhas.
E um aparece em dois e dois em um.
A crisálida convulsa vibra, ela desdobra-se lentamente
do cadáver cabeludo da lagarta
que seca e cai com um último suspiro.

Uma flor caída parece voltar ao seu ramo: uma borboleta.
Um espirro: a borboleta já não existe.
Amantes como borboletas, não chorem: mesmo as estrelas têm que se separar.
Verão: sombras das borboletas esbarram às vezes na janela.
A flor explode da pedra: uma borboleta.
A flor explode da pedra: assim nasce uma personagem.

AS BORBOLETAS DE DOÑA MÚSICA, JULIA VARLEY

VII

Quando eu, Doña Música, a personagem, conheci a atriz, me fiz conhecer, mas não entender. Então a atriz avançou em sentido contrário, procurou em direções opostas, evitou as soluções típicas. Ela esforçou-se para encontrar os detalhes horrendos no belo e os lados fascinantes na infâmia. Nessa primeira fase, o seu gesto mais frequente foi balançar a cabeça. Balançava a cabeça como uma árvore ao vento, para que a fruta caísse e pudesse ser coletada. Em seguida, a atriz procurou a essência da personagem, a vida secreta de Doña Música. Julia me deixou fazer o que eu queria, como eu queria, quando queria. Ela seguiu os meus caprichos, as minhas bizarrices, sem se preocupar com o comentário do diretor ou das outras atrizes. Foi um processo paciente, lento, árduo, que terminou de repente: na personagem haviam brotado as asas. Então a atriz tornou-se a personagem Doña Música, capaz de ver-se de fora e lembrar-se da incerteza, da confusão e da brusquidão do início. Tinha chegado o momento para que eu, Doña Música, deixasse me entregar para os espectadores e lhes contasse esta história: Era uma vez um menino obediente e sensível que amava muito as borboletas. Ele corria atrás delas, pegava-as delicadamente em suas mãos rosadas e fofas e, em seguida, com graça, arrancava-lhes as asas. Um dia sua mãe viu e repreendeu-o: "Você não tem vergonha? Ferir uma criatura indefesa?". E o menino protestou: "Mas as borboletas adoram isso!".

É a lei ! Mesmo as borboletas têm que ganhar a vida!

VIII

Em um certo ponto do processo de criação do espetáculo *Kaosmos*, o diretor disse à atriz que sua personagem era o Guardião da Porta. O Guardião, em uma novela de Franz Kafka, impede o Homem do campo de entrar na Lei. As indicações do diretor eram para que as cenas fossem realistas e a personagem, uma velha. A atriz, ao contrário, pensava no infinito, em como fazer uma personagem parecida com o mar que se foi com o sol.

A atriz, em seguida, trabalhou sobre uma personagem velha. Julia escreveu rapidamente as primeiras associações: rugas, sabedoria, tristeza, cinza, branco, passos lentos, passos pequenos, lembra o passado, não lembra, não tem medo, os dentes caem, os olhos não veem, magra, desejo de beleza, dentes pretos, articulações rígidas, perdendo a vida, fica minúscula, Isak Dinesen, cai, asfixia, relê o mesmo livro, saco de colostomia, gangrena, amputação, surdez, mãos enrugadas, necessidade de mar, necessidade da família, solidão, fim de jornada.

Ainda sobre a velha: lábios de ganso e olhos abertos, lábios apertados e olhos de raiva, pequenos passos e ruídos com os lábios, risos e ritmos muitos irregulares, a sombra que ondula. Voz que desmaia, voz de gato, voz com os lábios afiados. Mãos da velha: esfregar, acariciar, o dedo mindinho desmaia, oferecer, infringir a lei, dançar.

IX

Quais são as leis da vida? Onde está a vida? Em uma borboleta? Em uma crisálida? Em uma lagarta? Na molécula de uma lagarta? Na célula de uma lagarta? No mais ínfimo detalhe? Em um átomo? Mas em um átomo há partículas destrutíveis e indestrutíveis ao mesmo tempo, a matéria é tanto contínua como descontínua, força e matéria são apenas diferentes aspectos do mesmo fenômeno. Força e matéria, partículas e ondas, movimento e repouso, existência e não existência: estes são alguns dos conceitos opostos e contraditórios que foram ultrapassados pela física moderna. Mas, então, na física moderna não há mais leis? Sim, tem uma lei: a morte.

X

Diante da Lei há um Guardião. A este Guardião apresenta-se um Homem do campo que pede para entrar na Lei. O Guardião disse que, para o momento, ele não pode permitir a sua entrada. O Homem pergunta se ele pode vir mais tarde. Talvez, diz o Guardião, mas não agora.

O Homem do campo pensa que a lei deveria ser acessível a todos e em todos os momentos. Mas depois de olhar bem para o Guardião, ele decide que é melhor esperar até que se obtenha permissão para entrar. O Guardião lhe dá um banquinho e o faz sentar ao lado da porta. Lá fica sentado por dias, meses e anos, esperando para poder entrar na Lei.

O Homem do campo faz várias tentativas de entrar na Lei. O Homem doa tudo, por mais valioso que seja, para subornar o Guardião. O Guardião aceita tudo, mas a cada vez diz: aceito apenas para que te convenças de que nada omitiste.

Durante todos esses anos o homem fixa sua atenção quase continuamente no Guardião. Ele amaldiçoa sua má sorte nos primeiros anos com a voz alta e confiante, depois, quando envelhece, limita-se apenas a resmungar. Faz criancice. Agora ele não tem muito tempo de vida. No fim, pergunta: todos tendem à Lei, como é possível que nunca, durante todos esses anos, ninguém mais tenha pedido para entrar? E o Guardião responde: ninguém mais poderia entrar aqui, porque esta porta foi destinada apenas a você. Agora eu a fecho.

Cada um de vocês tem uma árvore da vida ou uma flor...
As borboletas sabem, as borboletas sonham,
entre as ervas daninhas as flores se abrocham,
borboleta branca que um segredo guarda,
de um verme nasce um espírito.
Borboleta branca que voa entre o milharal
o verão está chegando com um vendaval.

Você veio à minha porta e bateu.
Eu perguntei: quem é? Você respondeu: sou eu.
E a porta não abriu.
Você retornou à minha porta e bateu.
Eu perguntei: quem é? Você respondeu: sou eu.
E a porta não abriu.
Mais uma vez você veio e bateu na porta.
Eu perguntei: quem é? Você respondeu: sou você.
E a porta se abriu.

Cada um de vocês tem uma árvore da vida, ou uma flor. Elas são como outras plantas, mas elas têm um batimento cardíaco, ouça.

> O tempo deitado na sarjeta, um pardal canta, bicando de vez em quando.
> Eu posso ouvir música antiga entre os pinheiros, ver nuvens a mil milhas.
> O jardim está cheio com o som dos grilos.
> Na velhice, as montanhas são mais bonitas do que nunca.
> Sou alegre, aconteça o que acontecer, eu estou aqui.

XI

O diretor havia dito à atriz: "Eu queria que você fosse uma personagem muito velha". Julia comprou uma peruca, no sótão do seu pai encontrou um camisão preto de seda que era de sua avó e

AS BORBOLETAS DE DOÑA MÚSICA,
JULIA VARLEY

AS BORBOLETAS DE DOÑA MÚSICA, JULIA VARLEY

dois mantos árabes bordados com prata. Um dia ela se vestiu e maquiou o rosto de branco e cinza para surpreender o diretor. Queria que ele pudesse voltar a ver a sua avó com seu longo cabelo solto, aquela imagem de criança e de velha que descreve em seu livro *A Canoa de Papel*.

O figurino, dos sapatos às joias, da textura das roupas ao penteado, são as tendências mais notáveis de uma personagem, algo que se transforma e é transformado. Então eu trabalhei no figurino: véus e rendas escuras, bordados coloridos para decorar a seda preta, um par de sapatos com saltos altos cobertos com pano, como se fossem os pés enfaixados de uma mulher chinesa, um figurino que me faria alta e magra como a Argentina de Kazuo Ohno.

Mas todas as palavras usadas para descrever a experiência são limitadas. Não são aspectos da realidade, mas criações da mente, fazem parte do mapa, não do território.

Na física moderna, o universo aparece como um todo dinâmico e inseparável. O átomo infinitesimal e todo o universo estão engajados em um movimento e em uma atividade sem fim, numa incessante dança de energia.

Na narração eu uso a primeira pessoa: eu sou Doña Música – e não sou. Eu sou a atriz – e não sou. Eu sou Julia – e não sou. Sou e não sou. Vou e volto no tempo, assim como essas partículas que saltam e dançam em um átomo.

Em *Le Soulier de Satin*, Claudel fez sua Doña Música falar: através do caos há um mar invisível à nossa disposição. O caos é a arte de construir a complexidade a partir de elementos simples. Caos é o criador de formas, informação e ordem. Uma ordem oculta, misteriosa, paradoxal, imprevisível, mas inquestionável, porque nos obriga a ver novamente.

No caos uma coisa pequena pode ter grandes consequências. Isso é chamado de "efeito borboleta": o bater de asas de uma borboleta no Japão provoca uma tempestade na Dinamarca. Ou como o poeta já havia descoberto: vento ao oeste e folhas caídas são coletadas a leste.

Où sont les papillons d'antan? O que aconteceu com as borboletas do verão passado?

SEGUNDA PARTE

Mr. Peanut

ODE AO PROGRESSO, JULIA VARLEY

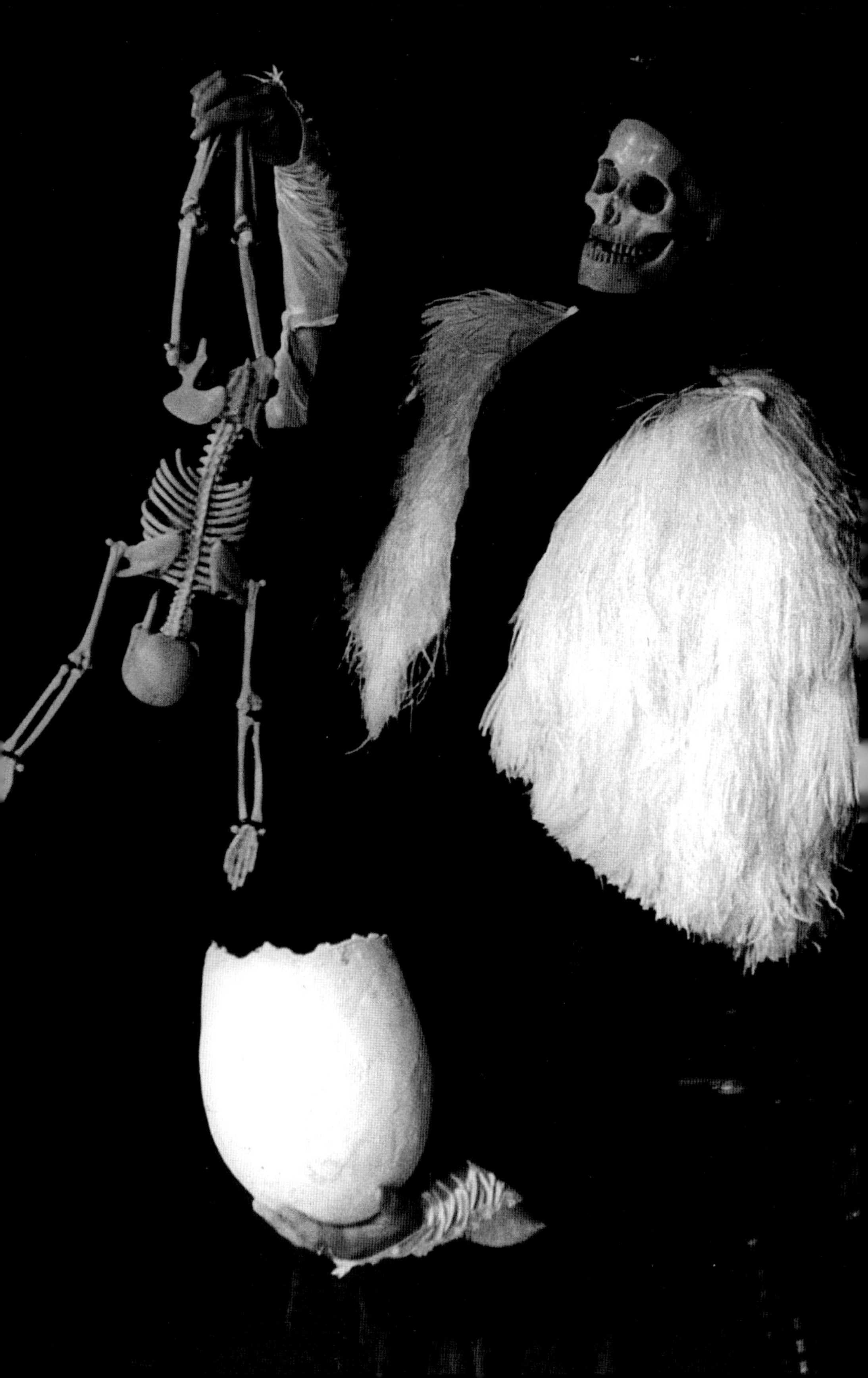

O CASTELO DE HOLSTEBRO, JULIA VARLEY

capítulo 1

MR. PEANUT:
BREVE BIOGRAFIA DA PERSONAGEM

Um esqueleto alto e pesado pendurado em uma vara comprida acompanhou a primeira parada de rua do Odin Teatret, em 1976. Depois ele encarnou-se no esqueleto de uma criança atada a um tambor, até que, em 1977, uma cabeça de caveira foi colocada sobre a cabeça de Tom Fjordfalk, um dos atores com pernas de pau, em *Anabasis*. Foi Tom quem passou a chamá-lo de Mr. Peanut. Em 1980, Mr. Peanut mudou seu estilo e tornou-se mais elegante, com um fraque preto combinando com luvas brancas, uma camisa bordada e um lenço de seda vermelho no pescoço. Suas pernas estavam cobertas de penas. Julia tinha herdado Mr. Peanut de Tom e a sua cabeça estava fixada agora na dela. A "morte" começou a requebrar-se, brincando. Após *Anabasis*, Mr. Peanut fez parte, juntamente com Julia, de outro espetáculo do Odin Teatret, e a sua presença foi necessária nas mais diversas ocasiões em que o grupo deveria ser reconhecido por uma de suas personagens. Hoje podemos dizer que Mr. Peanut é uma das personagens arquetípicas do Odin Teatret.

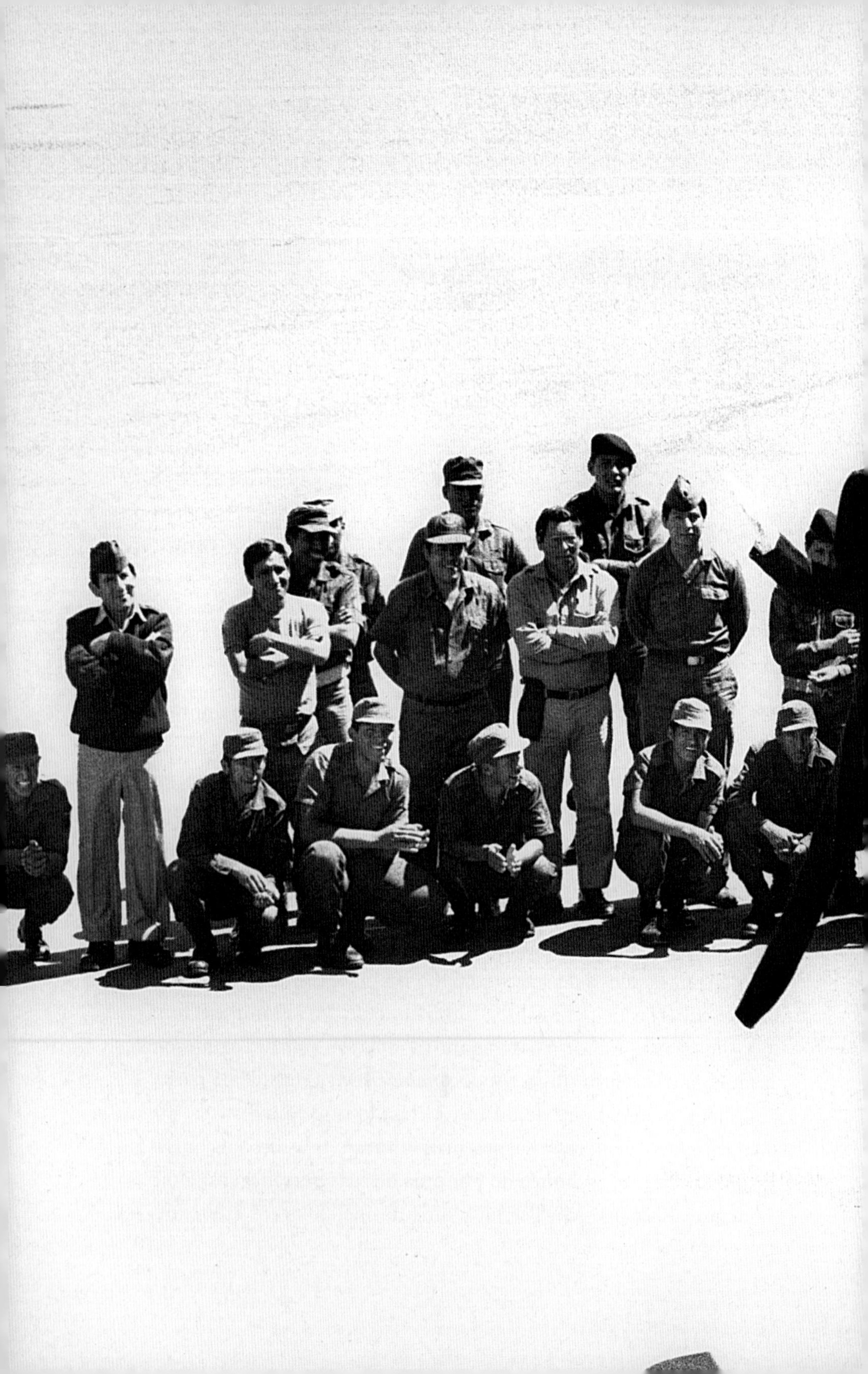

MR. PEANUT VISITA AYACUCHO, PERU

ENSAIO DE THEATRUM MUNDI, BOLONHA,
ITÁLIA, 1990, DESAK MADE SUARTI LAKSMI,
SANJUKTA PANIGRAHI, JULIA VARLEY,
I MADE PASEK TEMPO, EUGENIO BARBA

capítulo 2

2000:
Theatrum Mundi

O ensemble do Theatrum Mundi é composto por cerca de cinquenta atrizes, dançarinas e musicistas de Bali, Japão, Índia, América Latina e Europa, artistas que têm colaborado com as sessões da ISTA (International School of Theatre Anthropology) desde 1980. Em cada encontro havia uma pesquisa temática sobre uma técnica teatral e, a partir de 1987, encerrava-se o encontro com um espetáculo coletivo dirigido por Eugenio Barba. Nos primeiros anos era uma montagem de cenas e danças de diferentes gêneros espetaculares, incluindo o Odin Teatret. Depois, desde a sessão de 1990, em Bolonha, Itália, começamos a retomar e reelaborar os materiais apresentados anteriormente e a criar cenas nas quais diferentes tradições interagiam. Por exemplo, Kanichi Hanayagi, dançarino *onnagata* de Kabuki Buyo, e Torgeir Wethal, do Odin Teatret, durante a sessão dedicada à improvisação, tinham criado uma cena de amor que foi depois inserida no espetáculo final. A cena foi posteriormente enriquecida pelo acompanhamento musical de um fado português cantado por Roberta Carreri, do Odin Teatret, e por uma paródia de um jogo amoroso, em segundo plano, representada pela máscara balinesa Cheluluk e por Mr. Peanut.

Em Copenhague, em 1996, para a abertura da décima sessão da ISTA, a interação e a dramaturgia foram desenvolvidas ulteriormente para tornarem-se o espetáculo *A Ilha dos Labirintos*. Cada artista preservava fielmente as características de seu estilo específico integrando-as ao novo contexto, cuja unidade dramatúrgica fazia surgir histórias e personagens envoltas num véu de ilusões e ambiguidades.

Outros espetáculos do Theatrum Mundi foram produzidos ao longo dos anos, incluindo o *Ego Faust*, apresentado em 2000, na Itália, na Alemanha e na Dinamarca. Com *Ur-Hamlet*, em 2006, e com *O Casamento de Medeia*, em 2008, os espetáculos tornaram-se ocasiões para reunir os integrantes desse ensemble internacional, fora de uma sessão da ISTA. Os espetáculos foram também um experimento pedagógico para envolver jovens atrizes de todo o mundo. Elas participavam ativamente da montagem, tendo assim a oportunidade de aprender com o rigor que exige o encontro com os espectadores, sob a orientação de Eugenio Barba e mestres asiáticos, brasileiros e do Odin Teatret.

Ainda tenho um sentimento de gratidão e de privilégio ao lembrar-me da oportunidade que tive por estar no palco com artistas como a indiana Sanjukta Panigrahi, o japonês Kanichi Hanayagi e o brasileiro Augusto Omolú, durante os espetáculos do Theatrum Mundi. O prazer veio não apenas de compartilhar o tempo do espetáculo e da experiência artística em comum em frente aos espectadores, mas também de viver com eles um processo de trabalho. A precisão, a ordem, a calma, a tensão de cada um de seus gestos revelavam a dedicação e a concentração de grandes artistas que se preparavam para um espetáculo. E depois, após a apresentação, o alívio deles, o cansaço e os sorrisos mostravam a consciência de que tinham ido a fundo na realização de suas tarefas para conseguir um prodígio diante dos olhos dos espectadores.

O meu primeiro encontro com Sanjukta Panigrahi aconteceu em 1977 durante um seminário sobre teatro e dança indiana, organizado pelo Odin Teatret, em Holstebro, Dinamarca. Sanjukta foi convidada juntamente com outras artistas de grande reputação, incluindo Shanta Rao (dança Bharata Natyam), Uma Sharma (dança Kathak) e Krishnan Nambudiri (teatro Kathakali). Foi Cherif Khaznadar, então diretor da Maison de la Culture de Rennes, que indicou o seu nome a Eugenio Barba para substituir um grupo de Cchau que de última hora não pôde comparecer. Sanjukta fez seu espetáculo vestida de branco e, em seguida, uma demonstração de trabalho. A sua dança permaneceu gravada na memória de todos os presentes como uma mágica aparição. Tage Larsen, um dos atores do Odin Teatret, após vê-la passou a tarde lavando o automóvel – uma reação semelhante à de Eleonora Duse, que reorganizou o seu quarto durante a noite toda depois de ver em cena Adelaide Ristori. Os espectadores que viram a dança Odissi de Sanjukta ficaram impressionados, em êxtase, apaixonados. A palavra usada para retribuir a experiência do encontro com ela foi "Beleza".

O primeiro gesto de Sanjukta em qualquer ocasião em que ela devesse dançar era o de curvar-se ao chão para pedir perdão à Mãe

THEATRUM MUNDI, LONDRINA, BRASIL, 1994,
SANJUKTA PANIGRAHI, JULIA VARLEY,
AUGUSTO OMOLÚ, FRANS WINTHER

Terra por ter que pisá-la. Em seguida, em cena, via-se Sanjukta transformar-se de homem em mulher, de elefante em pavão, de Radha em Krishna, de crocodilo em flor de lótus, de atriz em dançarina, de velha em criança, de perdedor em vitorioso, de corpo em alma.

Em seus espetáculos, Sanjukta estava sozinha em cena. Estabelecia um diálogo improvisado com o texto cantado por seu marido Raghunath, com o ritmo dado pelo tambor, com as cores da música do sitar e da flauta, com o espaço que ela fazia respirar com o dinamismo de seus passos e a vivacidade de seu olhar, com os espectadores, para amarrá-los no jogo de alternância de energias que vão de momentos de erotismo e sedução a explosões de possança e raiva. Ela não estava acostumada a dialogar com outras atrizes em cena. Não foi fácil para ela adaptar o jogo tão estruturado e complexo de ação e reação de sua dança individual a uma cena com outras pessoas.

Quando Augusto Omolú, o dançarino afro-brasileiro, chegou à ISTA em 1994, Eugenio confiou-o a Sanjukta para iniciá-lo no tipo de trabalho que teria de enfrentar. Eles trabalharam juntos por horas, e apesar de não terem uma língua comum – Augusto não entendia inglês e Sanjukta não falava português –, podiam compreender-se. Sanjukta passava a Augusto a experiência fundamental da coreografia no espaço, dos impulsos e contraimpulsos, da composição das diferentes partes do corpo em relação umas com as outras.

Augusto passava de um Orixá a outro, do guerreiro Ogum à vaidosa Oxum, da cobra Oxumaré ao caçador Oxossi, enquanto Sanjukta transformava-se de veado em elefante, de ganso em crocodilo, de Deus em demônio. Concluíam a sua cena passando a água de uma fonte, de um para o outro, em silêncio. Quanto mais complexa e rica em detalhes a arte de um só dançarino fosse, mais trabalho seria necessário para se estabelecer uma relação.

Foi para a mesma sessão da ISTA de 1994, em Londrina, Brasil, que Kanichi Hanayagi preparou um extraordinário espetáculo de Kabuki Buyo. Ele trouxe consigo toda a riqueza de figurinos, perucas, maquiagem e música de espetáculos que geralmente são vistos apenas no Japão. Assim, em adição à cena central de amor com Torgeir criada em Bolonha, em Londrina o

Theatrum Mundi enriquecia-se ainda mais da contribuição japonesa. Desde então, a personagem feminina com a peruca branca e cinza lançou várias vezes uma enorme teia de aranha de papel para aprisionar o inimigo, sua personagem cômica dançou com os palhaços de outras tradições, e o violino japonês interveio para criar o *páthos* do início do espetáculo.

O Theatrum Mundi em Londrina foi apresentado em três palcos flutuantes sobre o lago, ligados por finas pontes. Todas as atrizes e atores, dançarinos e dançarinas e musicistas chegaram ali de barco. Eu me lembro que o barco em que eu estava com Sanjukta e a balinesa Swasthi teve uma avaria e que os bombeiros tiveram de nos rebocar até o palco. Fortes luzes brancas nos cegaram. Nós só conseguíamos ouvir os 10 mil espectadores na costa. Estava frio. No início do espetáculo, enquanto eu dançava acompanhada por uma música folclórica escandinava, com o vestido de algodão vermelho, ao lado do balinês Legong de Padmini, e o Kabuki Buyo de Sae, a minha respiração ficou presa na garganta. De imediato, Tjokorda, no papel de Rangda, empurrou-nos para fora da cena e, vestindo-me com o fraque de Mr. Peanut, aqueci-me novamente.

Naquela noite, eu também tremia ouvindo a explosão dos fogos de artifício e imaginando as luzes coloridas entre as árvores refletidas na água do outro lado do lago: um *onnagata* tinha dançado com um balinês Barong. Sanjukta e Augusto tinham personificado juntos o veado e o caçador usando os códigos da dança Odissi e do candomblé. No palco, artistas de diferentes tradições concentravam-se para estar no lugar certo, no momento exato, numa dança de impulsos e contraimpulsos. Não tínhamos discutido os significados a serem transmitidos, mas sim ensaiado uma vez após a outra as entradas, os pontos de encontro, as direções, as pausas, as ações e reações, os tempos, os ritmos, os passos, as posições das mãos, as orientações do olhar, as quedas, as saídas. A nossa colaboração não era baseada no que queríamos exprimir, mas no que nos permite trabalhar em conjunto e nos comunicar, apesar das nossas diferenças.

Foi no Claustro San Martino, em Bolonha, em 1990, que trabalhamos na cena final do Theatrum Mundi onde eu me convertia

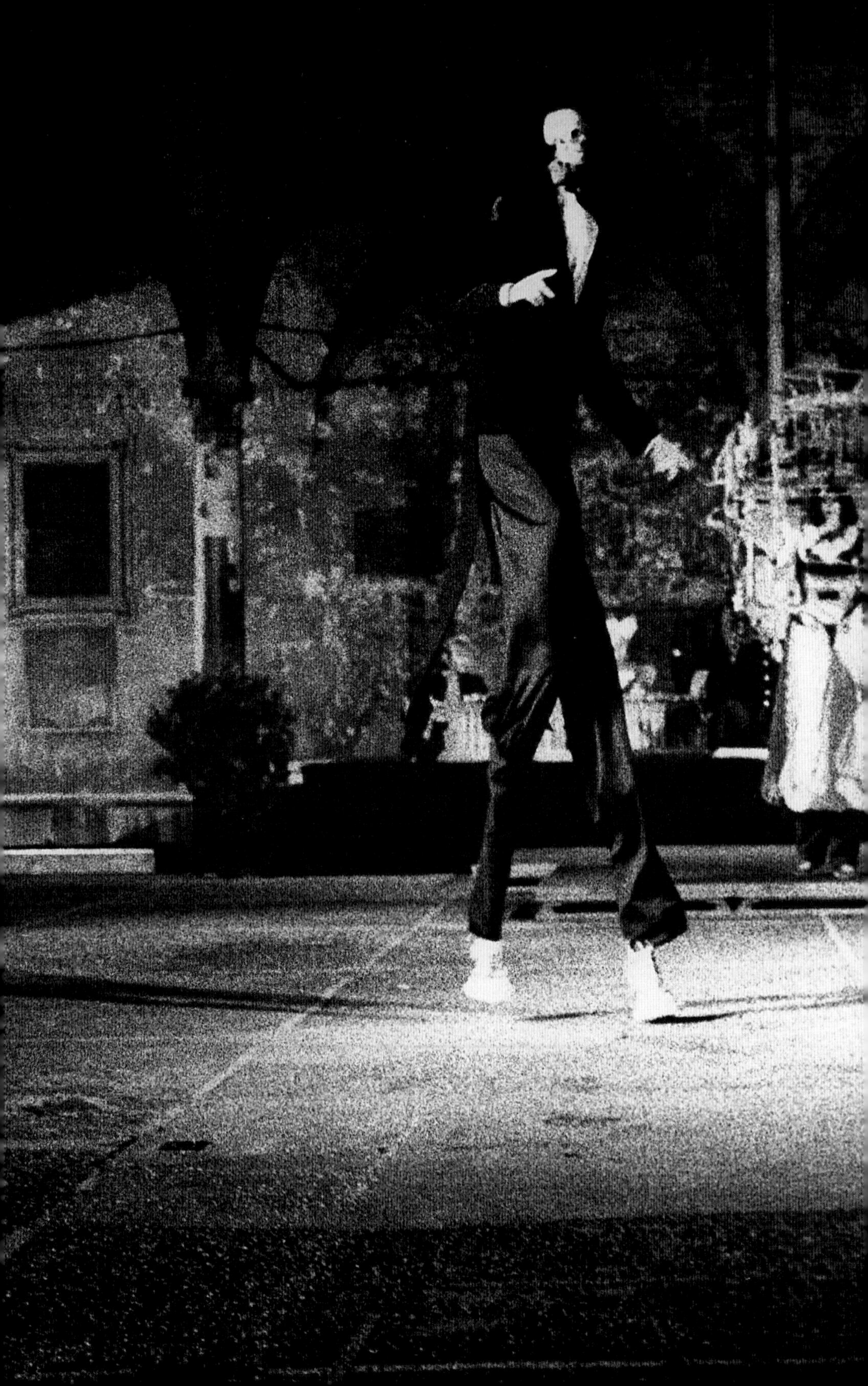

THEATRUM MUNDI, BOLONHA, ITÁLIA, 1990,
JULIA VARLEY, KANICHI HANAYAGI

de Mr. Peanut com pernas de pau em mulher que tem nos braços um bebê com cabeça de crânio, enquanto Sanjukta acompanhava essa transformação com a sua dança *Moksha*, a "libertação". Nessa cena todos os "monstros" se enfileiraram: o Barong (o dragão benéfico) e a Rangda (a bruxa) balinesa, o Shishi japonês (o leão mítico com longa cabeleira vermelha), Andrógina e Mr. Peanut, do Odin Teatret. Eu tinha dançado entre os fogos de artifício da Pupa Abruzzese (um grande boneco da tradição folclórica italiana) acompanhada pela música "Tempestade", tocada e cantada por todos os músicos e participantes da ISTA. Em seguida, os "monstros" foram espatifados no solo, em diferentes pontos da cena, afetados pelo som de um gongo, enquanto uma camponesa balinesa continuava a semear arroz, cantando. Mr. Peanut, ou seja, a morte em pernas de pau, tinha que cair por último. Iniciava-se então a música indiana *Moksha* e Sanjukta começava a dançar. Seu ritmo aumentava para mostrar a energia criativa e destrutiva de Shakti e depois diminuía até a bem-aventurança meditativa da última posição. Os músicos cantavam "Om" e os olhos de Sanjukta mostravam o branco, a sua respiração passava de ofegante aos solavancos e à calma. Parecia que todo o seu corpo se estendia para o céu, enquanto as mãos relaxadas expressavam a liberação dos laços com o corpo, como se a sua dança fosse apenas para os deuses.

Seguindo o ritmo da dança de Sanjukta, Mr. Peanut perdia as pernas de pau, ele despia-se de suas calças compridas e transformava-se na mulher vestida de branco com um bebê no colo. Era uma cena do meu espetáculo *O Castelo de Holstebro* que me haviam pedido para adaptar a essa nova situação. Nós terminamos juntas, Sanjukta atrás de mim, o seu braço sobre o meu ombro, como Maria e José com o menino. A cena foi então retomada em todos os Theatrum Mundi posteriores, sobre o palco no meio do lago de Londrina, no Brasil, e em Umeå, na Suécia, no grande teatro da cidade.

Elaboramos a cena ainda mais para *A Ilha dos Labirintos*, em Copenhague, onde o período maior de ensaios me permitiu encontrar uma ligação com a música indiana e reagir aos passos de Sanjukta, como se eles determinassem a minha transformação. Acompanhada pela música indiana, eu lutava para sobreviver, levantava-me e caía, libertava-me do figurino e do crânio até quando ficava sentada como uma mãe com uma criança: a Morte. Em 1998, em Holstebro, na preparação do espetáculo para a décima primeira sessão da ISTA em Portugal, depois da morte de Sanjukta, senti pela primeira vez a solidão terrível ao repetir a cena sozinha.

Além de se tornar recém-nascido, Mr. Peanut assumia diferentes formas e mudava frequentemente durante os espetáculos do Theatrum Mundi. Intervinha com pernas de pau ou a pé, de mulher ou de homem, para dar um contraponto cômico ou para marcar o centro das danças de carrossel, com todas as personagens. Em *Ego Faust* ele teve que aparecer também como uma noiva, com o longo vestido branco que ele tinha usado pela primeira vez a cavalo durante o espetáculo de encerramento da Festuge de Holstebro (semana de festa) do ano de 1993, cujo tema era "Casamentos mistos".

Margherita, em *Ego Faust*, foi personificada por Kanichi. Sua dança como *onnagata* Kabuki Buyo dava corpo à melancolia e ao desespero da mulher abandonada da história de Faust. Em uma cena, Margherita matava o próprio filho com uma pedra que a Morte, vestida de noiva, trouxe-lhe. Tínhamos acabado a cena da loucura, em que várias personagens preenchiam o espaço com comportamentos que, pouco a pouco, imperceptivelmente, perdiam a orientação usual para fazer a cena enlouquecer teatralmente, e tínhamos deixado Kanichi sozinho. Ao lado, havia apenas três jovens mulheres balinesas. Elas estavam sentadas no chão, brincando com seixos, riam e falavam como se tentassem não ser ouvidas. Annada Prasanna Pattnaik acompanhava os movimentos de dança lentos e solitários de Kanichi, com sua flauta clássica indiana, evocando um sentimento de pungente abandono.

Eu tinha pouco tempo para sair da Mulher de Branco, que tinha participado na cena anterior levantando a saia e tomando nas mãos água imaginária, e colocar a máscara de Mr. Peanut vestido de noiva. A mudança de ritmo era repentina. Eu passava do pânico causado pela pressa em que vestia o figurino, procurando as minhas mãos entre as roupas e a pedra acima do fagote apoiado na cadeira, à calma necessária para fazer uma entrada lenta e leve, como se flutuasse no ar. Eu andava para a frente com os pés que alisavam o chão, imaginando a direção a seguir, porque eu via muito pouco através dos véus. Eu passava o fagote em forma de bebê enrolado em faixas de panos para Kanichi. Ele colocava-o suavemente no chão, extraía do fagote uma pequena túnica de bebê e a mostrava aos espectadores. Então ele pegava nas mãos uma pedra, elevando-a ao alto, acima da grande peruca japonesa de cabelos pretos adornados que vestia. Uma outra mudança de ritmo súbita acontecia com os três golpes que ressonavam duros no chão, enquanto Margherita matava, e a Morte, sempre sorrindo, afastava-se.

Mais adiante, durante a cena final de *Ego Faust*, as dançarinas de Bali despiam Faust – Torgeir Wethal – de seu fraque negro para vesti-lo de branco. Elas tiraram o cilindro para colocar em sua cabeça uma coroa brilhante balinesa, enquanto Mephisto – Augusto Omolú – dançava em torno delas, e dezenas de pequenas túnicas de recém-nascidos voavam no ar.

Eu era responsável pelas túnicas: tinha que organizá-las antes de cada espetáculo e recolhê-las ao final. Quando o Theatrum Mundi transformou-se de *Ego Faust* em *Ur-Hamlet*, e do Japão, ao invés de Kanichi, veio Akira Matsui, um ator de teatro Nô, as túnicas foram deixadas em um dos meus armários do teatro, juntamente com a pedra usada por Margherita e com o figurino de noiva de Mr. Peanut. A história a se contar era completamente diferente. Eu recebi o papel do primeiro historiador dinamarquês: Saxo Gramaticus. Augusto Omolú era Amleto, protagonista da crônica contada em latim por Saxo Gramaticus. A corte do palácio foi encenada pelo balinês Gambuh e a invasão dos estrangeiros pelo grupo de atrizes e atores internacionais. Pela primeira vez, Mr. Peanut foi expulso do Theatrum Mundi, e espera pela vingança.

Muitas lembranças do Theatrum Mundi povoam a minha jornada de atriz: o ritmo particular de Kanichi, a complexa composição de Sanjukta, a energia de Augusto, a jocosidade e a força de cada um dos balineses. Com os anos, os espetáculos repetiam-se de forma igual e ao mesmo tempo diferente. Desenvolviam-se de sessão em sessão da ISTA de acordo com o país que nos recebia e com os artistas envolvidos. Detalhes particulares eram acrescentados, adaptavam-se algumas cenas para se contar uma nova história, eliminava-se ora o supérfluo e ora o essencial. Com o Theatrum Mundi eu não tinha a preocupação de repetir-me como acontece em cada novo espetáculo do Odin Teatret, nos quais me esforço para encontrar um percurso diferente. Os figurinos, os objetos, as histórias, algumas cenas, as personagens, os fragmentos de texto e a mesma música permaneciam como inesgotáveis fontes de inspiração.

As personagens do Theatrum Mundi tinham o direito de voltar à vida em novas situações. Então, a partir deles, Mr. Peanut aprendeu a se mover de um espetáculo a outro, como se o caminho fosse um só, apesar das suas aparições em contextos e histórias diferentes. A maleabilidade de algumas das minhas personagens é inspirada na versatilidade dos mestres asiáticos. Assim, o Theatrum Mundi tornou-se uma das raízes do meu espetáculo solo *Ave Maria* e a túnica de recém-nascido reapareceu em uma das minhas propostas enquanto atriz, para depois sucumbir às transformações necessárias de um novo processo de trabalho.

THEATRUM MUNDI, MONTEMOR-O-NOVO, PORTUGAL, 1998, JULIA VARLEY, KANICHI HANAYAGI

FESTUGE, HOLSTEBRO, JULIA VARLEY, I WAYAN MARTAWAN

capítulo 3

2005:
O Mar

Primeira Onda

Estou em turnê em Gallipoli, uma cidade à beira-mar, no sul da Itália. Meu quarto de hotel é impressionante. Ele tem grandes janelas em três lados e de todas elas eu tenho uma vista para o mar. Em minha frente eu vejo um grande porto com barcos e veleiros, no lado esquerdo, um pequeno porto de pesca – no primeiro plano da cidade antiga –, à direita, o mar aberto para além da parte nova da cidade que se estende pela longa rua principal. Um vento vindo do norte sopra forte. É outubro. As ondas chocam-se contra as paredes do porto e o branco das ondas quebra a linha do horizonte. Algumas pessoas em um barco a vela levando uma bandeira inglesa preocupam-se com seus ancoradores. As gaivotas voam perto das janelas. Elas parecem desfrutar das rajadas de vento. Depois da chuva de ontem, hoje o sol está brilhando novamente.

Eu despertei cedo esta manhã conversando comigo mesma, como costumo fazer sempre que estou preocupada com alguma coisa. Ou melhor, acordei inventando palavras que se encaixam em pensamentos e imagens inidentificáveis, como se eu estivesse falando com alguém, formulando frases do jeito que elas vinham e colocando-as em ordem. O prazo final para este capítulo aproxima-se. Não posso adiar por muito mais tempo, colocando outros trabalhos na frente deste. Tenho que começar a escrever.

Por seis anos escrevi sobre a minha prática teatral para um livro. Foi difícil. O resultado tende a soar ridículo e enfadonho, como se eu esperasse que a verdade estivesse contida em uma página, nas marcas pretas e brancas. Mas terminei. O título é *Pedras d'Água*.[1] Para este capítulo preciso tentar algo diferente para falar da prática teatral. Não devo escrever sobre ações reais e realistas, espetáculos, personagens, treinamento, improvisação, dramaturgia, texto e voz: fiz isso em duzentas páginas que precisaram ser corrigidas e recorrigidas, traduzidas e tiradas a prova. Agora, quero trazer alguns contos: episódios simples e exemplos de como eu e meu cérebro somos conduzidos pela prática.

O primeiro exemplo é o próprio capítulo intitulado "O mar"(1). Parei de falar comigo mesma na cama com os olhos fechados. Levantei-me, peguei o primeiro pedaço de papel que encontrei e escrevi algumas frases. A caneta vai sempre muito mais lenta do que as ideias e receio esquecer a maior parte das coisas que estava pensando. Escrevi as linhas que você tem lido até agora e algumas palavras-chave: Desfile da Festuge (2) / pinturas de Munch / cena de neve no filme / Natalia no quartel; Palestra para o encontro "Articulate Practitioner" (3) / jarro d'água; Abertura do festival Transit (4) / dirigindo e trocando de roupa / Luisa Calcumil / o barco e a semente; A demonstração *O Tapete Voador* (5) / Caulonia / professores e texto / sozinha com os lagartos comendo uns aos outros.

Segunda Onda

O tempo passou. O prazo chegou e passou: o capítulo (1) ainda não foi escrito. Zofia Kalinska costumava dizer com um brilho nos

---

[1] Julia Varley, *Pedras d'Água: Bloco de Notas de uma Atriz do Odin Teatret*. Brasília, Teatro Caleidoscópio, 2010.

olhos: "Você pode fazer tudo, mas não hoje!". Não fique estressada e doente por conta disso, basta prorrogar o prazo! Depois de tudo eu decido quando o livro sai, e se o capítulo ainda não estiver pronto, não estará, e ponto-final.

Estou em um continente diferente olhando para o mar novamente. Pergunto-me como ele pode mudar tão rápido: ontem à noite era violento e na madrugada de hoje parece um espelho sobre o qual os pescadores deslizam seus barcos. Comendo bolachas com mel no café da manhã, tenho a ideia de que o recorte para este capítulo é o mar. Eu ainda não sei o porquê. Meus relatos sobre a prática aparecerão entre as ondas, como sirenes felizes que desfrutam a sua liberdade. Imagens dramáticas da pequena sereia, que sacrifica sua bela voz e cabelo em troca de pernas para andar na terra onde seu príncipe vive, não me atraem.

De repente eu me lembro de um documentário sobre uma produção de filmes de animação. O personagem principal do filme era um peixe. A equipe toda aprendeu a mergulhar, a fim de estudar o próspero mundo marítimo em primeira mão: seria mais fácil para eles desenhar suas personagens depois disso. Muitas realidades estão escondidas no mar.

A cada dois ou três anos o Odin Teatret organiza uma Festuge (uma semana festiva) em Holstebro. Para 2005, o tema foi *O Esplendor das Idades*. Nessa Festuge eu seria responsável por um workshop de três semanas, envolvendo Augusto Omolú e Cleber da Paixão com suas danças de orixá afro-brasileiras, e Deborah Hunt, Hisako Miura e Sally Rodwell com as suas confecções de bonecos e figurinos. Os participantes trabalhariam duas semanas para fazer um espetáculo e depois mostrá-lo durante a Festuge. Nosso título era "Ageless – A Dança dos Deuses e das Máscaras – Conquistando a Cidade". Eu queria que os participantes experimentassem como o teatro pode transformar o cotidiano de uma cidade da mesma forma que eu experimentei anteriormente, através de apresentações em postos dos correios, padarias, escolas, hospícios, parques, hospitais, fontes, igrejas, pátios, prisões, boates, cemitérios, no posto policial, com os bombeiros, no quartel, em uma corrida, em lojas, entre adolescentes, crianças, idosos, alcoólatras, viciados em drogas, consumidores, políticos, soldados, para uma audiência de centenas de pessoas ou de apenas um espectador, em todos os momentos do dia e da noite. Após isso, eles seriam capazes de desenvolver atividades "impossíveis" de forma semelhante em suas próprias cidades.

Teatro Tascabile e Bilico Teatro, da Itália, e Atalaya Teatro, da Espanha, também se apresentariam durante a Festuge, enquanto outras atrizes do Odin Teatret guiavam vários projetos envolvendo Holstebro: eventos espetaculares, espetáculos intimistas, uma ópera, festas da comunidade e do bairro. Em maio, durante uma reunião

FESTUGE, HOLSTEBRO, JULIA VARLEY

de preparação, me foi dito que eu era a responsável pelo desfile (2), com todos os grupos participantes no último sábado da Festuge. A Festuge foi programada para ser em setembro e eu estava concentrada na organização do workshop: o desfile ficou em algum lugar da minha cabeça, embaixo das outras coisas. Me pediram os requisitos técnicos. Eu disse que não precisava de nada, a não ser um pequeno palco na praça onde seria o encerramento. Desde o princípio eu tinha certeza de uma coisa: a preparação deveria ser a mais simples possível; eu deveria criar uma estrutura dentro da qual os diferentes grupos de artistas pudessem orientar-se facilmente, sem necessidade de ensaios completos, longos, ou encontros.

Jill Greenhalgh pediu-me para dar uma palestra de abertura (3) na conferência "Articulate Practitioner/Articulating Practice" em julho de 2005, em Aberystwyth, em Gales. Ela deixou bem claro que eu deveria falar – e não fazer uma demonstração de trabalho como costumo fazer – e preparar o que eu tinha a dizer precisamente – e não improvisar em torno do tema como costumo fazer. Era para eu "levar a tarefa muito a sério, por favor!". Jill pediu-me um título e eu lhe dei um após jogar um pouco com palavras: *Pedras d'Água – Conhecimento Incorporado e as Marcas da História*. Em seguida, ela pediu-me um texto de dez linhas sobre o conteúdo da minha palestra. Dei-lhe isso também. Coloquei alguns dos pensamentos obsessivos que eu sei que me vêm sempre que vou falar sobre o trabalho: o ponto de vista subjetivo, princípios em vez de métodos, conhecimento baseado em impulsos, ações e reações, meu pequeno lugar em um grande mundo, a oposição de elementos fluidos e sólidos.

O quarto Transit Festival, em janeiro de 2004, foi chamado de *Raízes em Trânsito*. O tema que eu queria questionar debruçava-se sobre identidade e tradição. A imagem no folheto mostrava raízes crescendo no ar. Eu tinha escrito um texto breve para o folheto, e tinha convidado todos os artistas, espetáculos e líderes de workshops pensando nesse tema. Eu sabia que tinha que dar uma palestra de abertura (4) apresentando o festival, assim todos os participantes do Festival poderiam decolar em uma viagem comum de descoberta juntos. Sabia da importância de dar o pontapé certo.

Em junho de 2005 eu estava em Caulonia, uma vila na Calábria. Esta foi a 11ª sessão da Universidade do Teatro Eurasiano e o tema foi "texto". Fiquei muito irritada com toda a conversa sobre a fala. Eu precisava *fazer* alguma coisa (5). Me pus de pé no sol em uma plantação de oliveiras, o mais distante possível de onde os outros trabalhavam, mas sem correr o risco de encontrar uma víbora, e então treinei a minha voz. Comecei dizendo textos dos meus espetáculos enquanto assistia a um lagarto comer o outro, até que apenas a cauda ficou pendurada para fora da pequena boca gigantesca. Tentei conter o meu horror cantando para o vale em frente a mim. À distância, onde as colinas secas e queimadas pelo sol terminavam, havia um mar azul nebuloso que desaparecia no céu. Imaginei que as canções de Sherazade, as que eu cantava em árabe, atravessariam o Mediterrâneo para chegar em casa.

Terceira Onda

Agora que o mar é o recorte para o capítulo (1), terei que lembrar das outras vezes em que estive olhando para o mar. "O mar é revolucionário", me disse um amigo quando eu estava na minha adolescência, "porque ele sempre volta para você". Nunca entendi o que ele quis dizer. "No que o mar te faz pensar?", perguntei a um outro amigo. "No sol", respondeu ele. "Eu vou ao mar quando estou de férias."

Durante um ano, às vezes dois, sempre que penso sobre "ele" – o capítulo (1), o desfile (2), a palestra (3), a abertura (4), a demonstração (5) – tomo notas: na parte de trás dos livros que estou lendo, em pedaços soltos de papel, em pastas, em revistas, em um diário. Isso acontece especialmente quando estou viajando, antes de adormecer à noite ou quando estou acordando sem pressa: esses momentos em que a mente divaga e lembra-se de repente de que há algo para o qual preparar-se ou para o qual estar pronto. Eu quase nunca tomo notas no meu computador. O computador vem depois, quando as ideias formam frases com um significado para os outros – e não só para mim; quando preciso seguir uma música externa e as frases têm de ser lidas de novo e de novo para elas dançarem melhor no ritmo. O computador me ajuda a fixar a forma se "ele" tem de ser escrito. Dar uma palestra obriga-me a encontrar uma forma se "ele" tem de ser apresentado oralmente. Atrizes e ensaios fazem a forma se concretizar se as minhas notas e ideias são para algum tipo de espetáculo. Antes de a forma aparecer, a informação é feita de sensações, imagens, palavras soltas, memórias e desejos.

As imagens aparecem geralmente por acaso. Decidi que durante a última cena do desfile (2) eu queria enterrar todas as personagens na neve quando vi um filme chinês que termina com dois homens lutando. As estações passam, da primavera ao verão, do outono ao inverno. As árvores e os campos ao fundo mudam enquanto os homens continuam a sua batalha. Começa a nevar e, como eles são lentamente enterrados dentro da massa branca, a luta fica mais difícil, mas nunca para. Deve ser também por causa do filme que eu pensei em uma árvore de diferentes estações, uma árvore que tem alguns galhos com flores, outros com frutas, e outros, secos, sem folhas, flores ou frutas. Pedi para Hisako Miura fazer tal árvore no papel, dividida em três partes, para que ela pudesse ser transportada.

A imagem de pedras d'água no título da minha palestra (3) vem me seguindo desde que vi os blocos de pedra da ponte bombardeada de Mostar na água do rio Neretva, na Bósnia. Viajando pela Patagônia, ouvi sobre tribos nômades que viviam em barcos. As mulheres mantinham um fogo aceso nos barcos onde viviam com suas famílias como um símbolo de casa. Essa imagem estava em minha mente, preparando a abertura do Transit Festival (4), mas eu ainda não sabia o que fazer para incluí-la. Jill Greenhalgh frequentemente refere-se à tecelagem, e esse tipo de textura inspirou-me a pensar em texto como um tapete voador. Essa foi uma realização concreta de palavras entrelaçadas que me deu algo para fazer durante a demonstração (5).

Outras imagens pertencem a uma biblioteca visual de cenas que posso pescar a partir da necessidade. Na minha terminologia de trabalho as chamo de "material" já existente. Eu decidi usar algumas delas para o desfile (2): a cena de *Orô de Otelo* quando Augusto Omolú espalha folhas verdes por todo o chão; Iben Nagel Rasmussen como

Trickster, que em *Itsi Bitsi* cobre o chão com pedaços de papel branco que se parecem com a neve. Uma vez tendo as folhas e a neve, eu precisava de um pouco de fruta. Lembrei-me da cena em que Beppe Chierichetti do Teatro Tascabile faz malabares com três maçãs, mordendo-as antes de lançá-las no ar novamente.

A gravação em vídeo de uma das apresentações de Carmelo Bene foi mostrada em Caulonia. Carmelo Bene colocou seus textos em um suporte para partitura musical, no meio do espaço, e usou o suporte para dirigir o seu olhar para dentro e para fora. A impressão que ele dava era de que a sua grande versatilidade e expressividade veio diretamente das palavras escritas em sua frente, sem ele nunca mover-se. É claro que eu queria tentar o mesmo: pedi um suporte de partitura musical para minha demonstração (5). Tendo já apresentado cenas de espetáculos sem a ajuda de figurinos, cenário e objetos, ajudar-me-ia a acompanhar meus textos com suas ações habituais reduzidas, a fim de caber em um espaço muito menor.

Quarta Onda

O que, na fuga, o povo escolhido pensou quando o Mar Vermelho se abriu dando uma passagem para eles? Gostaria de saber o que se sente ao se ver o recuo do mar, agora que sabemos que isso pode ser seguido de um tsunami. As imagens de todas as casas destruídas, empregos e famílias, do Natal de 2004, não podem ser esquecidas. Por que a devastação desencadeada pelo mar parece mais aterrorizante do que a provocada por terremotos, furacões, deslizamentos de terra ou a erupção de um vulcão? Porque o mar significa sol e feriado para aqueles que, como nós, vivem em meio à tranquila natureza dinamarquesa?

Eu me lembro de, quando criança, olhar para a praia de cima do terraço da nossa casa de veraneio, em Positano – na *costiera* Amalfi, um dos lugares mais belos da Terra – durante uma tempestade. Os pescadores corriam a partir da praia, calculando o momento certo para mergulhar numa enorme onda um pouco antes da sua quebra. Eles nadavam até os seus barcos ancorados na baía para salvá-los da ira do mar. Se o barco fosse grande o suficiente, eles navegariam para um porto protegido, mais abaixo na costa. Se o barco fosse pequeno, eles o levariam para a terra firme. Muitos homens na praia estavam prontos para ajudar, com cordas e pedaços de madeira escorregadios. Mais uma vez o tempo era essencial para o barco vir sobre, e não dentro, da onda. Os barcos eram mantidos em bares e restaurantes, à espera da tempestade se acalmar. Eu podia reconhecer os pescadores arriscando suas vidas, seguia suas cabeças enquanto nadavam e respirava de alívio quando eles finalmente estavam de novo fora da água.

Para explicar o meu conceito para o desfile (2) para os diferentes grupos de artistas e para Natalia Marcet, uma participante argentina de "Ageless" que tinha se autoelegido minha assistente e que insistia em me perguntar como poderia ajudar, usei a pintura de Edvard Munch *A Dança da Vida*. Três mulheres estão na pintura: uma jovem de branco, uma de meia-idade de vermelho e uma mais velha de preto. Esta foi a primeira imagem que tive ao pensar em *O Esplendor das Idades*.

Na manhã do dia em que eu deveria dar a minha palestra (3) em Aberystwyth, peguei as minhas anotações para organizá-las uma vez mais. Como eu só tinha vinte minutos para falar, tinha que me concentrar no essencial. Quando falo, normalmente levo cerca de uma hora para dar um giro e retornar ao ponto inicial, depois de ter me confrontado com algo desconhecido surgido no caminho. Eu precisava encontrar uma frase de abertura. Encontrei uma, e, em seguida, uma melhor. Como sempre, acabei deixando as frases de abertura abaixo, ao longo da estrutura da minha palestra, e minha escolha final seria feita somente instantes antes de começar. Para organizar as minhas anotações eu precisava ter uma ideia do ponto de vista que as ouvintes, as outras palestrantes e a organizadora tinham do tema. Eu lia e relia as cartas que Jill havia me enviado e as que escrevi para ela. Li as apresentações das palestrantes e o que elas haviam escrito sobre o tema. Adicionei frases que retornam, perguntas, eventos que queria narrar e axiomas para as minhas palavras-chave. Juntei as minhas notas, escrevendo-as várias vezes, dividindo-as em famílias de assuntos, buscando a maneira de passar de um tópico para o outro de

ENSAIO PARA A FESTUGE,
HOLSTEBRO, JULIA VARLEY

modo que eles coubessem em apenas um pedaço de papel. Desenhei linhas de um argumento para o outro, subdividindo cada um deles em pontos mais distantes, quebrando-os até que o mapa ficasse muito complicado e eu tivesse que começar de novo. Enquanto estava sentada para escrever na mesa de um pequeno quarto de estudante onde eu dormia, comecei a ter entusiasmo, ansiedade e impaciência por querer corresponder às expectativas de Jill. Sabia que tinha que *comover* meus espectadores para convencê-los e a única maneira que sei fazer isso é como atriz. Eu poderia usar algumas ações vocais, mas precisava também de uma imagem teatral, o que no Odin Teatret chamamos de um "nó". Meu título, pedras d'água, é claro! Fui até o jardim para encontrar uma pedra interessante. Peguei emprestado um dos jarros de água da mesa de chá, prometendo devolvê-lo; eu o escolhi por ser transparente, assim as pessoas poderiam ver o seu interior. De volta ao meu quarto, em pé, eu segurava a pedra e experimentava deixá-la cair no jarro de água. Imaginei várias possibilidades. Fui guiada pelo pensamento de como seria possível transformar pedra em água.

Se sou a responsável por um festival, nem sempre tenho tempo para descansar como eu precisaria para manter uma boa aparência. Na manhã do dia da abertura (4), Ana Woolf me olhou com desaprovação e disse: "Você vai se trocar, não vai?". Eu tinha uma hora. Decidi ir para casa. Dirigir é para mim uma das melhores maneiras de organizar meus pensamentos: isso me dá uma distância de perspectiva ao mesmo tempo que traz a impossibilidade de agir.

Eu não tinha um tapete bonito comigo em Caulonia, então decidi usar um pedaço de tecido balinês no lugar. Coloquei o suporte no *meu* tapete voador e então achei que poderia também usar o pano para mostrar como eu movia a boneca chamada Sherazade, em *O Sonho de Andersen*. Peguei o pano pelas duas pontas como se fossem as mãos de Sherazade. O último texto da demonstração (5), de acordo com a sequência decidida pelas datas das apresentações, era para ser o da cena em que Sherazade voa, recebe um tiro e quebra-se subitamente. Foi fácil fazer o pano voar, mas o que poderia dar a sensação equivalente a um colapso irreparável?

Quinta Onda

Estou chegando ao final do capítulo (1). Preciso de uma barra de chocolate e um pouco de música para a última largada, para escrever as últimas linhas.

Estávamos apresentando-nos em um quartel, com o "Ageless". Natalia sentou-se ao meu lado enquanto eu dirigia o micro-ônibus, nós estávamos com partes do figurino. No caminho até lá dei as últimas instruções sobre o espetáculo para os soldados e seus generais; no caminho de volta, Natalia e eu fizemos os últimos preparativos para o desfile (2). A estrutura estava começando a tomar forma, mas percebi que para funcionar de forma simples e sem dúvidas para as centenas de artistas, teríamos que resolver um monte de complicações. Natalia estaria livre para correr ao redor, dando as últimas coordenadas, enquanto eu guiaria o desfile com o Mr. Peanut, minha personagem com a cabeça de esqueleto. Fiz mudanças em torno das cores das idades de Munch para bater com os figurinos que eu sabia que os grupos já tinham: vermelho seria a infância, preto, a idade adulta e branco, a velhice. Mr. Peanut começaria vestido de vermelho e mudaria para preto e então para o branco, com a ajuda de dois Abutres (Deborah Hunt e Sally Rodwell).

Eu tinha que provar os vestidos, casacos, sapatos e luvas, adaptá-los para que eles pudessem ser colocados e retirados facilmente, e ensaiar a ordem das trocas com meus assistentes. O desfile começaria em vermelho na praça do posto policial, mudaria para o preto na praça da velha prefeitura, e para o branco na parte mais abaixo no calçadão, para terminar na Praça Vermelha, onde um palco foi instalado em frente a uma alta escadaria, ao lado do hotel e de uma fonte. Todos os artistas precisavam saber onde eles tinham que se encontrar, a que horas e com qual figurino. Eles também tinham que saber onde deixar os objetos, figurinos e instrumentos que utilizariam em diferentes partes do desfile. Cada "cor" deveria estar acompanhada por música: primeiro os ritmos de dança animados tocados pelo Teatro Tascabile, segundo, as músicas de flamenco do Atalaya Teatro alternadas pelos tambores de marcha do Bilico Teatro, e, terceiro, as músicas de lamento do Teatro Tascabile interrompidas pelos ritmos suaves tocados pelo grupo "Ageless", em branco.

As orquestras tinham que combinar um sinal para as trocas de música. A música decidiria a energia do desfile e do tipo de composição que cada artista faria ao caminhar ou dançar. As crianças do Teatro Tascabile seriam palhaços na primeira parte, e as máscaras do "Ageless" seriam divididas em três grupos, de acordo com suas cores. Eu escolhi duas mulheres para carregar cada uma das três partes da bela árvore de papel que Hisako tinha feito, e uma mulher, que andaria na frente de cada árvore, cantaria para o ritual da mudança de cor, idade e estação. Nós precisávamos ensaiar como as mulheres carregariam as árvores, que estariam sobre uma placa entre elas, como fazer a troca, marcar o tempo das canções, como juntar duas árvores deixando ao mesmo tempo a placa para trás, e levantar a terceira árvore unida o mais alto possível, e uma maneira de andar atrás de Mr. Peanut. As dez pessoas envolvidas ensaiariam na mesma manhã do desfile.

Quando chegássemos à última praça, um grupo de pensionistas e de crianças que fizeram máscaras durante a semana anterior dançariam juntos, então Bilico Teatro, sobre pernas de pau, abriria espaço, as três árvores se juntariam em uma única no meio do palco enquanto Iben propagaria a neve, Augusto espalharia folhas e Beppe faria malabarismos com maçãs. Todas as máscaras "Ageless" estariam na escada enquanto uma serenata seria cantada e uma das crianças do Tascabile ofereceria pétalas de flores para as árvores unidas. Música circense de encerramento quebraria com a atmosfera ritualística. Natalia escreveu tudo isso, eu a ajudei a torná-lo compreensível, a estrutura foi fotocopiada e distribuída a todos os grupos. Cada grupo tinha uma pessoa para quem tudo foi explicado detalhadamente várias vezes. Quinze minutos antes de tudo começar, eu estava dirigindo por Holstebro procurando a van do "Ageless", que mantinha as máscaras, porque eu não conseguia encontrar a árvore que acompanhava a primeira parte do desfile.

Enquanto dirigia, eu estava ao telefone organizando como a informação poderia ser dada a todos, pois a segunda troca tinha sido mudada para mais abaixo do calçadão, por conta da falta de espaço na praça originalmente marcada, que agora tinha feira. Enquanto eu me vestia, perguntava-me como podia ver meu relógio sob minhas luvas, a fim de controlar o tempo fixado. O momento de começar chegou, dei o sinal, a música iniciou, e todo mundo seguiu o Mr. Peanut. Virei-me para dar uma olhada: pelo menos o desfile em vermelho estava lindo, pensei. No final, eu estava exausta e Natalia estava dançando: tudo tinha corrido muito bem. Muitos dos artistas ficaram surpresos que o desfile tenha sido tão bem-sucedido na base de instruções ensaiadas apenas no papel.

Chegou a minha vez. Os participantes da conferência reuniram-se no teatro da Universidade de Aberystwyth esperando para dar início. Minhas notas estavam sobre a mesa, escritas em letras suficientemente grandes para que eu pudesse espiá-las sem o uso de óculos. Eu me pus ao lado da mesa com os pés descalços, a pedra em uma das mãos e o jarro de água na outra. Comecei a palestra (3) dizendo que quando eu era jovem, o meu mundo estava dividido em dois: política e esporte. Eu tinha escolhido fazer teatro para unir as minhas realidades de ideias e ações. Confiava na inteligência dos meus pés bem apoiados no chão. Será que eu decidira jogar a pedra no jarro nesse momento? Ou será que a necessidade de sublinhar e fazer minhas palavras significativas tinha decidido por mim? Enquanto eu continuava, às vezes eu cantava e improvisava com a minha voz. No final me vi dizendo o poema de Eliot sobre sereias e despejando a água sobre os meus pés descalços, até que a pedra também caísse. Mais imagens de pedras e água emergiram dessa conferência em Aberystwyth. Como eu, outras mulheres usaram imagens para dizer o que as palavras não conseguiam expressar.

Eu tinha pedido para Luisa Calcumil, a mulher indígena mapuche, da Argentina, para cantar na abertura do Transit Festival (4). Enquanto eu dirigia para casa, lembrei-me que tinha escolhido ter um acompanhamento de música, porque ela poderia comunicar independentemente do significado das palavras, nacionalidade e cultura. Como eu poderia fazer essa ideia ainda mais concreta? Porque queria dar espaço para a cantora arja balinesa Ni Nyoman Candri, de repente tive a resposta óbvia para minha pergunta. Eu pediria para a cantora berbere Cherifa Kersit, para Ni Nyoman Candri e para Luisa Calcumil, todas representantes de culturas de raízes profundamente indígenas, para entrar na sala branca do Odin Teatret de suas três diferentes portas, como se viessem de lados opostos do globo, para encontrar-se com a oferta de suas canções, como uma demonstração do que o teatro pode tornar possível. Eu tinha que me vestir lindamente para estar à altura dos seus figurinos. Para escolher, felizmente tenho ajuda de minha mãe, que enche meu guarda-roupa. Não queria ter que cantar, já que eu tinha que falar. Precisava de algo no qual me segurar, para fazer-me sentir em casa. Casa! O barco com o fogo! Eu tinha um pequenino, e acendi uma vela em seu interior. Segurei-o enquanto Cherifa, Candri e Luisa entravam cantando. Luisa trouxe algumas sementes com ela. Eu não sabia delas previamente, e a imagem adquiriu uma densidade mágica quando ela colocou as sementes da Patagônia dentro do barco com o fogo.

No vídeo que vi, Carmelo Bene tinha um copo de água ao lado dele enquanto se apresentava. Eu ainda estava em busca de soluções para a minha demonstração em Caulonia. Pensei que se eu colocasse um copo de água no suporte, Sherazade poderia voar e empurrar o suporte, fazendo com que o vidro quebrasse no chão. Mas receava que o vidro quebrado pudesse ferir os espectadores que, com suas roupas leves de verão, com os braços e pernas à mostra e calçando sandálias, estavam sentados próximos ao palco. Eu ainda não tinha resolvido o final da demonstração enquanto caminhava para a sala onde iria apresentá-la (5). Avistei as sobras de materiais de uma construção na entrada. Sim! Isso poderia ser uma imagem do texto morto no chão, enquanto o texto vivo voava como um tapete. Enchi um copo de plástico com pedras e areia, coloquei o copo sobre o suporte, como se fosse água para eu beber, e rapidamente organizei na minha mente como faria tudo cair no final. Quando realmente fiz isso, o silêncio e a sensação de choque que eu mesma senti fizeram-me reagir: cantei uma das músicas árabes muito lentamente enquanto dobrava o tapete/pano e saí.

O som das ondas que quebram no Oceano Pacífico são o fundo sobre o qual eu aprendo os textos latinos de Saxo, para o espetáculo

Ur-Hamlet, que estamos preparando para o castelo de Kronborg, no próximo ano. Foi a intuição que me fez escolher, mas é claro que o mar é uma imagem muito boa para a prática do teatro: infinito, misterioso, forte, destrutivo, produtivo, formado por mundos ocultos, eternamente em movimento, indo e vindo, quente e frio, dirigido por correntes e subcorrentes, planas e chatas, quebradas e variadas, tão diferentes quando se olha da superfície ou por dentro. O mar tanto separa quanto une.

Imersos no mar, nos concentramos em nadar, navegar, encontrar comida ou refúgio, ser carregados pelas correntes ou lutar contra elas. O poder do canto das sereias estende-se até o horizonte. A imensidão do mar não pode caber no papel, como a complexidade da prática também não. O mar é vasto demais. Eu entendo isso agora, no momento em que termino este capítulo.

FESTUGE, HOLSTEBRO.
JULIA VARLEY ET WAYAN BAWA

A VIDA CRÔNICA, JULIA VARLEY COMO NIKITA

capítulo 4

2011: O NASCIMENTO DE NIKITA:
PROTESTO E DESPERDÍCIO,
DO PROGRAMA DO ESPETÁCULO *A VIDA CRÔNICA*

Para mim, *A Vida Crônica* é um espetáculo cujo processo foi marcado pela morte. Agora que está quase pronto, eu começo a vê-lo como um protesto contra a inevitabilidade da morte e uma declaração sobre a necessidade de continuar, apesar de tudo.

Não nos foi requerido preparar nada antes dos ensaios, ao contrário do processo de criação de *O Sonho de Andersen*, para o qual foi pedido a cada atriz para elaborar um espetáculo de uma hora e para dirigir as outras atrizes, colocando em cena um conto de Hans Christian Andersen – o que inicialmente chamávamos de *XL, Extra Large*. Fomos convidadas para o primeiro ensaio, dispostas a ver se ainda éramos capazes de fazer um espetáculo juntas. Cada uma de nós era uma diretora, professora e líder de projetos e grupos. Com o tempo, os nossos defeitos fermentaram, nossa paciência diminuiu, e tornou-se cada vez mais árduo e desafiador nos surpreender e nos estimular umas às outras. A colaboração não vem de graça.

No primeiro dia nos foi dito para encenar um funeral. Foi difícil escapar ao hábito dos últimos anos em que o diretor trabalhava somente com a estrutura de materiais minimamente preparados e propostos pelas atrizes. Da mais jovem à mais velha de nós, com exceção da jovem Sofia Monsalve, que tinha acabado de se juntar ao grupo, cada uma de nós teve que imaginar e organizar uma cerimônia de funeral com a intenção de profanar o que tínhamos de mais sagrado, indo contra a autoridade e provocando um protesto pessoal. O único objeto presente desde o início foi uma longa caixa coberta por um pano, que acabou por ser um caixão transparente, como de cristal, cheio de água e enguias. Sofia teria que mergulhar um dia naquela água.

A pequena sala azul do Odin Teatret onde estávamos ensaiando foi logo preenchida com todos os tipos de objetos e instrumentos musicais que depositávamos em uma espécie de despensa que tínhamos montado no fundo. Lembro-me que os primeiros ensaios gerais iniciaram-se com uma sequência de entradas e saídas em que tínhamos de trazer objetos e cobrir o caixão com tecidos coloridos, sem pressa, como se tivéssemos todo o tempo do mundo. Eugenio Barba explicava-nos que os espectadores entrariam gradualmente ao longo dessa fase de preparação. O ato de colocar precisamente os tecidos um acima do outro foi tranquilizador para mim, por um longo tempo isso deu-me uma série de ações concretas que me serviram de apoio para esconder a morte, tanto quanto possível, de mim e dos outros. Eu não queria pensar sobre a morte e eu reagia ao fato de que me pediram para pensar.

Quando digo que o processo de *A Vida Crônica* é marcado pela morte, refiro-me aos entes queridos que perdi – que nós perdemos – ao longo dos anos em que ensaiamos intermitentemente esse novo espetáculo. Primeiro morreu María Cánepa, uma querida amiga e atriz chilena; em seguida Silvia Mascarone, a esposa de Claudio Coloberti, o companheiro com quem eu fazia teatro na minha juventude em Milão e que agora trabalha nos Arquivos do Odin Teatret; depois, Marco Potena, o homem com quem minha mãe viveu três décadas, quase tantos anos quantos eu passei na Dinamarca; e então, Tony D'Urso, o fotógrafo que acompanhou muitas das nossas turnês mais aventureiras e cujas fotografias tornaram-se ícones do teatro; por fim, Torgeir Wethal, um dos fundadores do Odin Teatret, a primeira pessoa do grupo com quem eu tive contato. Torgeir participou dos ensaios até três semanas antes de sua partida.

Também houve desaparecimentos menos dolorosos, mas significativos: Frans Winther, músico do Odin desde 1987, deixou o espetáculo; e em um certo momento o diretor "matou" a personagem que eu tinha criado, para que outra pudesse nascer. Todos esses ritos de passagem, que pertencem à dinâmica da vida que continua inabalável em seu curso, são pedras difíceis de superar. Às vezes, o que no ensaio é cortado ou descartado parece-me um desperdício, outras vezes eu entendo que tudo permeia o resultado final, mesmo que seja imperceptível em sua superfície.

O funeral de María Cánepa foi especial. Eu não estava lá, mas eles me contaram. Suas cinzas foram atiradas no Oceano Pacífico, e o mar naquele dia honrou seu nome com uma calma luminosa, que logo engoliu tudo com uma grande onda formada de improviso. "Seu último ato como atriz", disse o seu segundo marido, Juan Cuevas. María já tinha se despedido das pessoas ao seu redor com uma gravação de poemas com a qual ela agradecia o carinho que a cercava. Ela falava de sua vida no teatro com uma ingenuidade desarmante que a caracterizava: o carinho recebido só pode ser retribuído com carinho; ela dedicou-se ao trabalho, obedeceu ao diretor e interpretou papéis. Depois de sessenta anos como atriz, ela disse que, se lhe perguntassem novamente, faria tudo igual outra vez.

Silvia Mascarone foi o primeiro cadáver que vi na minha vida. Eu fui para Turim ficar perto de Claudio, enquanto em Holstebro, para marcar o vínculo com a nossa cidade, o Odin Teatret realizava um espetáculo-labirinto em todo o teatro a fim de inaugurar um projeto local chamado *Interferência*. Havia um cheiro peculiar na sala, adocicado. Claudio, marido de Silvia, me disse: "Olha como ela é bonita". Era verdade: bonita, branca e imóvel. Ela estava lá, mas ausente. Era ela assim? Durante o funeral, em um momento de impulso, seu filho Camillo levantou a fotografia da mãe sorridente e mostrou-a de forma provocativa a todos os presentes, como para dizer: "Olhem para ela, como ela é cheia de vida!". Dos alto-falantes Lucio Battisti cantou em voz gritante "Innamorato, sempre di piü". Tomei Claudio em meus braços e dancei com ele. Continuo a segurá-lo quando e o quanto posso.

Chorei por Marco Potena pela primeira vez num dia dirigindo para o teatro. Tive que parar. Era tão injusto, eu gritava silenciosamente dentro de mim, era tão injusto que ele estivesse só em um hospital em tratamento intensivo e que a minha mãe não pudesse estar ao seu lado, segurando-lhe a mão e partilhando cada segundo disponível. Era tão injusto, para ele e para ela. Mas o nosso mundo é regido por leis e regras. Pessoas e relacionamentos não são considerados, não há tempo, dinheiro e espaço para ternura e para o silêncio a dois. Fazer teatro ajuda-me a protestar contra isso. Não é muito, eu sei, mas a ação é necessária, apesar disso.

Uma noite, depois de ensaiar na sala branca, reunimo-nos para beber vinho tinto, uma sangria, o tipo que Tony D'Urso gostava. Bebemos pensando nele, recordando anedotas do *Palacio de La Moneda*, no Chile, viagens de ônibus com as freiras que estavam viajando de carona pela Sardenha, as gravações de filmes em Carpignano Salentino e em Holstebro, e na casa de Sr. Alto, o seu desejo de falar desde a matina, e especialmente, da primeira vez em Belgrado, quando ele escondeu-se para fotografar *Min Fars Hus* das rachaduras do teto. Eu o tinha conhecido pouco antes, em Bolonha, no Teatro Ridotto, onde ele me dizia como a sua estranha doença tinha aberto novas possibilidades de trabalho: eternamente pobre e otimista. Tage Larsen foi para Milão para representar a todos nós no funeral.

Eu estava em um bar em Scilla, na Calábria, comendo um croissant de café da manhã quando Eugenio recebeu um telefonema de Roberta Carreri anunciando a morte de Torgeir. Ele morreu poucos minutos atrás, disse-me Eugenio. Eu nunca me esquecerei daquele bar, o jornal aberto sobre a mesa ao lado da xícara de café, Eugenio em pé, próximo ao balcão para pagar, o silêncio repentino que me envolveu, segurando meu rosto com as mãos, olhando para o nada. Roberta, Iben Nagel Rasmussen, Alice Carreri Pardeilhan e seu marido, Erik, estavam com ele: "menos mal", eu pensei dentro de mim. Em seguida, esse pensamento foi substituído por outro inconfessável: embora por meses eu tivesse me recusado a admitir que o final poderia chegar, foi bom que o último período tivesse passado tão rapidamente. Torgeir conseguiu manter a sua dignidade, o seu timing e o seu sorriso até o fim.

Os participantes da sessão da Universidade de Teatro Eurasiano esperavam por mim. Ainda confusa e em estado de choque, subi as escadas para o castelo de Scilla. A contadora de histórias indiana Parvathy Baul, que lecionava, me viu e compreendeu. Ela pediu para juntar-me aos participantes para cantar e dançar. Eu tinha que me concentrar nos passos e nas notas. Depois foi a minha vez de conduzir o trabalho. Ao sair, todos os pensamentos estavam voltados a Roberta e ao grupo. Como poderíamos retomar os ensaios do espetáculo, lembrando através dos vídeos as cenas já marcadas em que aparecia Torgeir? Tudo muda em um segundo: ter e não ter, sempre nos repete Eugenio. É importante comemorar aqueles que nos deixaram, mas precisamos comemorar a vida. Devemos continuar.

O compromisso do trabalho sempre nos ajudou nos momentos mais difíceis: voltar a fazer o treinamento quando Eugenio deixou os ensaios de *Cinzas de Brecht*; produzir o Theatrum Mundi para a ISTA em Portugal, que já estava planejado quando Sanjukta Panigrahi faleceu; ensaiar quando casais do grupo divorciaram-se e os seus filhos exigiam escolhas. Em todas as circunstâncias, terminar o espetáculo era uma obrigação que acompanhava cada um de nós, e foi o que nos ajudou a não nos deixar sucumbir pelo inaceitável. Torgeir está presente em *A Vida Crônica*, embora aparentemente ele não possa ser visto pelos espectadores.

Eu sempre tive dificuldade em tolerar alguém que puxa morbidamente a atenção para si mesmo. O primeiro tema proposto pelo diretor teve esse sabor para mim. Reagi muito mal. Eu queria fugir da sala de trabalho. Estava tentando ser imperceptível e sentir o menos possível. Ao mesmo tempo, não podia renunciar a fazer parte desse espetáculo nem do grupo. No fundo, o Odin é a minha vida. Como eu poderia continuar a existir fora dele e sozinha? Eu me senti presa.

Para a minha "cerimônia de enterro" organizei uma cena de limpeza – como Eugenio faz para as importantes ocasiões do nosso teatro – intercalada com histórias das turnês e espetáculos anteriores. As atrizes tiveram que polir os talheres que eu trouxe de casa, narrar duas histórias e tomar sopa de água com um garfo, seguindo a história que Marco Potena tinha contado uma vez a Eugenio. Só Sofia poderia tomar sopa com colher, pois, tendo entrado para o nosso grupo, a jovem tinha a vida mais fácil do que a que tínhamos vivido tantos anos antes e também mais difícil porque ela estava sozinha em meio a dinossauros. Eu propus o jogo de "belas estátuas" e pedi a todos para esconderem os talheres pela sala. Eu me inspirei em uma mostra que vi em Nova York das pinturas que Pablo Picasso fez depois de seus oitenta anos, cheio de irreverência e despreocupação.

No final da segunda semana de ensaios os meus tormentos chegaram ao limite. Na sexta-feira à noite não pude dormir. Eu só tinha que encontrar uma maneira de sair. Não podia continuar a refugiar-me em um canto da sala, trancada na minha pesada tristeza causada pelo tema dado a nós por Eugenio em sua tentativa de quebrar tabus e automatismos. Sua provocação para agitar o grupo paralisou-me. Rejeitei a chantagem implícita na frase "se não podemos trabalhar em conjunto, não faz sentido o tremendo esforço para manter o grupo". Eu estava envergonhada pelas improvisações, imitações de pessoas e situações, que pareciam divertir os outros. Estava cansada de dizer que não deveríamos falar na sala, ao mesmo tempo que a decisão de cada diretor era explicada e justificada com um longo discurso insistindo em uma escolha que sempre era mudada no dia seguinte.

Naquela sexta-feira eu consegui dormir só de madrugada, quando decidi, não sei por quê, que me apresentaria no próximo ensaio como um homem de bigode. Este era o melhor protesto que eu poderia conceber e, ao mesmo tempo, uma proposta concreta. De repente, me senti mais leve.

Na manhã de um sábado, dia de folga, saí de casa e fui para o centro da cidade, em Holstebro. Eu estava animada, como um rato dançando enquanto o gato está longe. Entrei em um brechó, onde nunca havia estado antes. Aproximei-me do canto com ternos masculinos e provei um. Ficou perfeito. Isso deve ser um sinal, pensei, já que calças de homens nunca me caem bem. Até mesmo a camisa branca que acompanhava o conjunto era do tamanho certo. Em outro brechó comprei um chapéu preto de aba larga. Eu tinha tudo de que precisava para uma transformação perfeita. Mesmo porque não queria continuar triste e apagada. Queria deixar de ser um fardo para o diretor e para as outras atrizes.

Em casa eu enchia-me de cola e fita adesiva para fixar o bigode e uma peruca, que, com o chapéu, daria a ideia de cabelo curto. Eu tinha uma mecha do meu cabelo guardada havia muitos anos que agora seria utilizada. A textura e a cor tinham mudado, mas o meu entusiasmo não se debruçava nesses detalhes. São esses os momentos do processo que eu mais amo: criar objetos e figurinos que sei que nunca serão usados, pois eles são muito primitivos, mas me dão ideias.

Quando entrei no quarto, o meu bigode tremia um pouco, eu tentava manter-me séria e não rir. A compostura era importante para não deixar cair o bigode que estava fixo apenas com uma fita adesiva. Acima de tudo, eu tinha que evitar a transpiração. Lembro-me do sorriso disfarçado dos meus companheiros, observadores e assistentes de direção, reunidos na sala azul enquanto esperávamos por Eugenio. Quando ele entrou, exclamou: "Como você se parece com o seu pai!". E ele continuou o ensaio como se nada tivesse mudado. Mas para mim, tudo tinha mudado.

Eu tinha decidido que meu homem andava sempre com os braços paralelos e passos levemente saltitantes como o seu irmão, a personagem do trabalhador norueguês criada pela atriz Geddy Aniksdal, do Grenland Friteater. Calmo ou rápido, ele sempre age com os braços juntos. Eu não era mais a Julia, triste, apagada e carregada, mas uma personagem que poderia fazer qualquer tipo de comentário. Estava livre para comportar-me mal e protestar através de um comportamento exagerado, acentuado, não naturalista, com o qual eu compunha cuidadosa e teatralmente.

Era provável que a minha proposta não agradasse, mas ela não poderia ser imediatamente excluída porque era uma expressão de engajamento, a luz que indicava algo, um sinal a ser interpretado. Obviamente ia em direção oposta ao que havia sido sugerido: criar uma cerimônia fúnebre com ações pequenas e não teatrais. Até mesmo a minha voz tinha encontrado uma nova tarefa: ser masculina e no mais baixo dos tons.

No dia seguinte Iben veio com um vestido elegante. Tiramos uma fotografia de braços dados, como um casal. Durante os ensaios, começamos a improvisar usando as personagens que se materializavam. Às vezes eu sentia-me envergonhada pela escolha do texto. As palavras (e o gênero delas) tinham de ser ditas por Julia ou pelo homem de bigode? Eu começava a gostar do homem. Um dia, durante uma excursão em Istambul, comprei-lhe um par de elegantes sapatos preto e branco feitos à mão. Os dois idosos, donos da loja empoeirada, olhavam-me com curiosidade enquanto eu experimentava aqueles sapatos masculinos. Em volta do pescoço coloquei um lenço que me foi dado há muitos anos por um amigo. Jan Ferslev havia me emprestado um verdadeiro bigode artificial, com a cola apropriada. O homem foi enriquecido com muitos detalhes. Decidi que era bem de vida e chamei-o de Tio da América para distingui-lo do pobre trabalhador norueguês que tinha sido uma das minhas primeiras inspirações.

Nando Taviani, um amigo e consultor literário do Odin há quarenta anos, me falou sobre diversas formas de mancar. A sua fala reflete suas longas conversas com Eugenio, na procura pelo caminho a seguir. Depois de introduzir a história de Jacó, do Velho Testamento, Eugenio nos pediu para preparar uma cena chamada "luta com o anjo". Ao contrário de Eugenio, que viveu sua infância no sul da Itália permeado de ritos católicos, quando criança eu tive pouco contato com o mundo da religião. Os tópicos bíblicos não ecoam ou despertam curiosidade em mim. Ao invés disso, eu queria falar de María Cánepa, a atriz chilena que faleceu há pouco. Eu queria dar-lhe voz e mantê-la viva através do teatro. Na minha cena de luta com o anjo, María tornou-se um anjo da guarda que me protegeu e encorajou.

Passou muito tempo antes que eu tivesse a chance de mostrar a cena que eu havia preparado. Cheguei a pensar que o diretor tivesse se esquecido dela, como às vezes acontece quando ele e as atrizes caminham numa outra direção e decidem não lembrar propositadamente. Abri uma grande caixa de papelão que estava no alto de uma prateleira, no meu camarim. Dela haviam surgido objetos do *Fios de Voz*, meu projeto de espetáculo abortado há alguns anos, tais como: bolas de fios e cordas de ouro, agulhas de tricô, tecidos de várias cores, uma janela de madeira incrustada árabe. Decidi usá-los juntamente com algumas conchas e um jarro de prata cheio de água salgada, e adicionei as páginas dos jornais com fotografias do casamento e do funeral no mar de María Cánepa, enquanto eu relato episódios de sua vida e poemas de amor de dois livros de Pablo Neruda, que ganhei de presente. Também usei o seu terno cinza-pérola.

Após a morte de María, Juan, seu segundo marido, vinte anos mais jovem que ela, veio me encontrar no Uruguai e me deu esse terno. María o tinha usado três vezes: para receber um prestigioso prêmio do governo chileno, para ler poemas em um recital no terceiro Transit Festival, em Holstebro, e para se casar. Ele queria que eu ficasse com o terno. Agradecendo-lhe, pedi a Juan para escrever os episódios de suas vidas em conjunto, confessando o meu desejo de um dia fazer um espetáculo sobre María.

A saia e o casaco, peças do conjunto do terno, eram muito pequenos para mim. Eu nunca poderia entrar neles. Quando estava preparando a cena de luta com o anjo, decidi salientar que havia duas peças de vestuário penduradas em um cabide, tirando do armário para evocar o passado. Coloquei uma longa fita vermelha no casaco e, para eu poder desenrolar, fixei algumas posições inspiradas no conto autobiográfico gravado por María. No final da cena eu cortava a fita, derramava do jarro de prata algumas gotas d'água sobre os meus pés e improvisava seguindo as músicas da gravação

A VIDA CRÔNICA, JULIA VARLEY

de María. Eu terminava no chão – tudo isso imaginando na minha cabeça –, no fundo do mar. Eu também me lembrava do suicídio da poetisa argentina Alfonsina Storni, e da letra de uma canção famosa que lembra essa história. Trabalhei no meu camarim, um espaço muito pequeno.

Apresentei a cena em uma noite, depois do horário de trabalho. Só estavam presentes Eugenio e os seus assistentes de direção. Eu me pergunto por que ainda sinto emoção e medo quando tenho que mostrar algo novo, depois de anos e anos de experiência. Eu estava vermelha, ofegante e minha voz tremia. Estava usando as minhas roupas cotidianas porque foi decidido repentinamente que eu mostraria meus materiais e eu não queria perder a oportunidade. Provavelmente foi essa trepidação nervosa que indicou aos que assistiam que atrás da minha proposta teatral ainda fraca havia uma motivação profunda. Desenrolei um novelo de lã e parei no caminho feito pela linha para ler poemas de Pablo Neruda e Gabriela Mistral, para contar episódios da vida de María, descritos por seu marido, Juan, e cantar algumas músicas em espanhol. Seguindo a voz gravada de María, executei a minha partitura fixa segurando o terno cinza-pérola. Além de meu medo, acho que também a qualidade da voz de María foi impactante.

No final do primeiro período de ensaios, Eugenio pediu para a próxima fase do trabalho que todos preparassem a história de suas próprias personagens, dando-lhes nome. Como na cena de luta com o anjo, todo mundo entendeu a tarefa à sua maneira, seguindo o caminho frutífero do mal-entendido. Além disso, cada um de nós teve que aprender uma hora de músicas e canções. Eugenio disse-me, em particular: "Se você quer contar a história de María, você deve criar um narrador muito diferente dela. E não pode ser você, nem ela". Decidi que a história seria contada pelo Tio da América, e coletei uma infinidade de canções em espanhol e em português brasileiro. Começo a transcrever as letras e repito as melodias: o que exige muito de mim, porque a minha memória musical é fraca. Jardinando, passando roupa, dirigindo ou tomando sol, com os meus fones de ouvido ligados, eu canto, repetindo infinitamente a longa sequência de músicas, durante meses. Nem mesmo um segundo dessas músicas será usado no espetáculo.

Contos da escritora mexicana Ángeles Mastretta muitas vezes têm me servido de inspiração. Especialmente a coleção de contos *Mulheres de Olhos Grandes* ajudou-me a dar palavras para delinear as figuras femininas. Eu tinha lido recentemente o seu novo livro intitulado *Maridos*. Fiquei tocada com a história de um homem libanês que, depois de várias vicissitudes, consegue se reencontrar com o primeiro amor de sua vida, que tinha emigrado para o México. A jovem casara-se com um homem rico, que morreu durante a viagem de lua de mel cruzando o oceano. A primeira vez que o libanês tinha visto a menina de aparência de anjo, ela estava sentada debaixo de uma figueira, falando com a irmã como costumava fazer todas as tardes. Após o casamento, ele manteve a família vendendo tecidos de porta em porta, primeiro com uma mala e, depois, empurrando um carrinho. Ele ganhou dinheiro suficiente para comprar um terreno e construir um sobrado, com uma loja no piso térreo. Outro marido no livro de Ángeles Mastretta era um jogador de jogos de azar. Quando conhece a mulher da sua vida, ele coloca uma carta entre as dobras de sua saia. Na hora de sair, ele diz para ela: você é o único país ao qual eu quero pertencer.

Dedico-me à história de María Cánepa contada pelo meu homem de bigode. Só no final, ao cortar a fita vermelha que sai do terno cinza-pérola, é que me transformo em mulher. Retiro a roupa de homem, arrumo o cabelo e faço alusão à cena em que banho os meus pés na água salgada enquanto, sem nenhuma pressa, vou ao chão. Gosto de misturar os textos que tirei das histórias de maridos de Ángeles Mastretta com os episódios da vida de María, escritos por Juan Cuevas. O Tio da América conta como ele chega ao Chile (em vez de ir ao México) depois de navegar por 53 dias e de ter parado em dezoito portos, e fala sobre María, uma imigrante e amante do teatro nascida na Itália. O Tio da América vende tecidos e fala de trás de seu balcão. Nas pausas do trabalho, ele joga o seu baralho de cartas e anda para cima e para baixo com os braços em uníssono. Eu adapto dois poemas de Pablo Neruda em músicas que me ajudam a falar com a voz grave masculina. María aparece com uma cabeça de fantoche loiro por de trás da janela embutida, e transforma-se num pequeno crânio. Os tecidos e as cartas, os textos e o terno no cabide: o meu homem de bigode, que nasceu para protestar, introduziu muitos elementos que ditam o curso do espetáculo. Enquanto isso, María – a minha motivação inicial – será tirada de *A Vida Crônica* para entrar em outro espetáculo, chamado *Ave Maria*.

Nós sempre nos queixamos de não termos tempo: o diretor, de ler, as atrizes, de criar materiais, as musicistas, de ensaiar as músicas. Levando a sério as nossas críticas passadas por seu comportamento brusco e impaciente, Eugenio prometeu que, durante o processo desse espetáculo, se controlará e mostrará o lado amável de seu temperamento. Criamos, assim, um período de cerca de duas horas todas as manhãs chamado *væksthus* (berçário), em que trabalhamos livremente na sala negra. Eugenio olha, anota, lê, sussurra comentários individuais às atrizes. Nesse momento, depois de um breve aquecimento, eu calço os meus sapatos turcos masculinos e começo o dia cruzando em diagonal a sala com o pé ligeiramente saltitante e com os braços paralelos. Minha personagem sabe como andar, então ela existe! Deixo a música tocada pelos outros me arrastar para uma improvisação de passos de dança, saltos, formas de sentar-me no chão e levantar-me, gestos, posições dos braços, expressões faciais e pequenas sequências de ações para mostrar e vender tecidos, brincar com uma roda de bicicleta, contar dinheiro, apalpar os bolsos cheios, esfregar as mãos, cumprimentar alguém que não existe, convidando-o para dançar comigo.

O Tio da América é geralmente alegre, mesmo quando às vezes espia o que acontece atrás dele ou quando observa as fissuras entre os seus dedos e desespera-se, mas logo recupera a coragem: há sempre tanta coisa a fazer. Improviso com as cartas: eu as faço voar, eu as fricciono, e as uso para limpar minhas mãos, limpo o chão, as embaralho, as recolho de várias maneiras, limpo a terra, construo um labirinto, eu as ofereço, cubro meus olhos com elas, as coloco na língua, as uso como para segurar um cigarro, como um leque, as dobro, as uso para criar ritmos diversos, as deixo acariciar e beijar, eu subo no maço de cartas como se fosse a base de um monumento, choro e as cartas caem dos meus olhos como lágrimas... eu penduro uma carta com uma fita preta, como as fotografias que tenho visto no pescoço das mães dos *Desaparecidos*, na Plaza de Mayo, em Buenos Aires. Fixo uma sequência com a carta-fotografia. Trabalho com as tesouras do vendedor de pano, exploro as várias maneiras de cortar, eu as uso como óculos, uma boca com dentes, um grampo para o cabelo, uma criança que anda, uma flor que cai... As tesouras do início não são aceitas pelo diretor, então, quando um observador explica que em seu país isso indica a chegada da guerra, elas são incluídas na montagem. Mas depois de alguns meses, elas são novamente eliminadas.

Todos os dias eu repetia a sequência do mar, com os pés descalços e os olhos fechados, com movimentos suaves e redondos muito diferentes dos do homem de bigode. Repito o diálogo com o terno de María que eu tenho em meus braços. Enquanto isso, cubro o vestido com um plástico transparente para ressaltar a imagem de roupa guardada com naftalina no armário. Após a morte de Silvia, Claudio Coloberti disse-me que sentiu um forte desejo de entrar no armário das roupas de sua esposa para sentir o seu cheiro.

Durante o *væksthus* eu me curvava cumprimentando a roupa, eu a abracei e nós dançamos juntas, me deitei em cima dela, puxando-a pelos ombros para rolar no chão e depois subir nela. Em seguida, a roupa dava-me um tapa e corria atrás de mim. Eu a coloquei em meus joelhos, como uma "Pietà" e, em seguida, a dobrei ao meio, como uma peça de roupa a ser guardada. Lembrei-me da raiva sentida por aqueles que perderam um amor. A imagem de alguém que está de luto pela ausência de um ente querido era muito clara para mim, mas vi que ela não despertou associações no diretor. Repeti a sequência esperando o momento em que o que era claro para mim se tornasse claro também para aqueles que assistiam.

A burca de novo! Não é possível! É uma perseguição! Em cada espetáculo Eugenio quer esconder meu rosto e cobrir-me de preto da cabeça aos pés. Entendo o desespero do diretor que procura maneiras de mudar suas atrizes, mas por que no meu caso é sempre uma burca? Não aguento mais! Mas entendo que, apesar de todos os meus protestos, há apenas um ponto no qual Eugenio não mexerá: se eu voltar a ser uma mulher. O que está surgindo é o tema da guerra, de soldados, e imagino que precisaremos da força emocional da voz feminina. Os assistentes de direção e amigos que frequentam os ensaios dizem que eu não sou crível como um homem, especialmente ao me sentar e levantar do chão. Apesar de todos os meus esforços, minha feminilidade continua a se revelar. Mas uma burca... Não! Eu choro, desespero-me e mais uma vez encontro uma saída pela ação de protesto: no dia seguinte de uma discussão com Eugenio, levo ao teatro todas as roupas femininas com as cores mais berrantes que possuo. Não participo do *væksthus*, ao invés disso fico na sala vermelha com um grande espelho. Coloco todas as roupas e xales umas em cima das outras. O toque final é a sapatilha de borracha laranja que eu uso para jardinagem. Ela ainda está suja de terra. Mantenho-a assim.

Peço para chamarem Eugenio e apresento-lhe essa nova personagem colorida. Eu me movo rapidamente por toda a sala com os mesmos passos, os mesmos movimentos dos braços e da cabeça do meu Tio da América. Eugenio fica feliz. "Funciona" – ele me disse – "Nikita me agrada." Ele batizou de súbito essa personagem. O único Nikita que conheço é Khrushchev, o primeiro-ministro soviético que morreu em 1971. A confusão de gêneros continua. Provavelmente Eugenio, vendo essa mulher correndo com tantas roupas, ficou aliviado com a perspectiva de não ter mais que discutir comigo, considerando o quão difícil para mim foi abandonar a identidade do homem e com quanta determinação recusei a burca.

Decidimos que nessa última semana de ensaios não informaríamos às outras atrizes que me tornei uma mulher novamente. Uma grande confusão é criada com os textos: Eugenio trabalha com a ideia de que sou a esposa de um homem que morreu na guerra e trabalha comigo de acordo com isso. Nos ensaios, no entanto, ainda estou vestida como o Tio da América, que conta sua história de amor para a jovem que ele viu pela primeira vez falando com a irmã embaixo de uma figueira.

A VIDA CRÔNICA, JULIA VARLEY

Quando, depois de alguns meses de turnê e outras atividades, voltamos aos ensaios, Eugenio nos diz que o espetáculo não se chama mais *Extra Large* e sim *A Vida Crônica*. A história da viúva de guerra que Kai Bredholt desenvolveu começa a determinar o curso da ação. Também a minha história de emigrante desenrola-se de forma diferente: agora sou a viúva de um homem enviado para a guerra, não se sabe se como um soldado ou guerrilheiro. Ele não retorna, talvez tenha sido morto ou esteja desaparecido. Também está morto o meu Tio da América. Tiro a sua roupa e a penduro no cabide, dentro de um saco plástico transparente, em vez do terno cinza-pérola de María.

Ato o par de sapatos preto e branco turco ao terno, já que eu não posso renunciar a ele, apesar de tornar tudo mais pesado. No pescoço coloco um gancho de açougue como aqueles usados para pendurar instrumentos musicais no estoque da loja. Vestida como mulher, uma refugiada de um país do Cáucaso ou da Ásia Menor, tenho nas mãos o terno do homem. Sigo a minha sequência de partitura exatamente igual a quando eu segurava o terno cinza-pérola de María. Percebo que agora o diretor observa-me com uma expressão que me diz que ele vê algo a mais através de minhas ações: um bom sinal. O terno cinza do Tio da América continua a viver no espetáculo e acompanha-me no relato do meu primeiro casamento e noite de núpcias. No final, depois de um tiro ser disparado, o terno cai no chão e um soldado arrasta-o para fora da cena.

Todas as manhãs atravesso o espaço inteiro do palco caminhando com os braços paralelos e estendo o tecido no caixote (com ideia de caixão) no centro. Sinto que a minha personagem, mesmo tendo se transformado em mulher, ainda existe. Agora sou uma refugiada, aquela que, com admiração e inveja, olha para o país em que se come sem ter fome e se bebe sem ter sede. Sou aquela que, na metade do espetáculo, é aceita neste país de abundância com uma cerimônia que me dá permissão para entrar na "jangada" do bem-estar. Não posso estar lá desde o início do espetáculo. Um dia, improvisadamente, é Roberta quem deve cobrir a caixa com os tecidos que eu, fora do palco, passo a ela. Então, durante os ensaios abertos, no Instituto Grotowski, em Wroclaw, Polônia, Eugenio explica que eu não pertenço ao mesmo espaço dos outros e pergunta-me onde eu poderia fazer a primeira cena na qual me apresento. Desespero-me novamente, agora com a ideia de que não me resta nem mesmo a minha primeira caminhada pelo espaço, e que ficarei o tempo todo restrita ao estreito corredor em frente ao público, sendo permitido a mim ir ao palco somente quando este já está cheio de gente. Obtive sucesso salvando a minha identidade e a minha necessidade de espaço, sugerindo que Tage deveria me jogar para fora. Isso clarifica o papel de Tage, bem como o meu.

Agora, para não ser uma patética refugiada, eu também tenho que mostrar malícia. Tenho a tarefa de maltratar Sofia, a única que tem menos poder do que eu. Devo provocar irritação aos espectadores enquanto corro pelo estreito corredor que existe entre o espectador e o palco, o que acabou resultando em esbarrar em suas pernas. Um dia desatei a chorar. Os observadores/espectadores olhavam na direção oposta àquela da qual eu vinha com toda a velocidade, e em uma fração de segundo percebi que tinha tropeçado e perigava ferir alguém se eu caísse. Gritei e imediatamente após a tensão vieram as lágrimas. "Não gosto de te ver chorar", disse Ana Woolf, uma das assistentes de direção, no final do ensaio. O que aconteceu? Quando o espetáculo ainda não está fixado e integrado, cada passo, cada ação, cada reação, requerem total atenção.

O ensaio geral é uma situação de risco contínuo no qual eu fico extremamente tensa para interagir, absorver e lembrar. Imprevistos que precisam ser resolvidos sem ter-se o tempo de pensar explodem como um balão que se enche até estourar. Eles atingem de surpresa como um soco, porque a sensibilidade está elevada ao máximo. Mas chorar é também um protesto, uma forma de deixar claro para o diretor que o problema causado pelas pernas dos espectadores é grave.

De um dia para o outro, o espaço muda totalmente. Os espectadores que estavam dispostos em "U" nas três bordas da "jangada" são organizados em dois lados, um de frente para o outro. Em frente à "jangada", que era até agora o espaço cênico das atrizes, ele cria um grande vazio que deve ser preenchido. Durante o ensaio, Eugenio vai de uma atriz a outra para alterar as relações espaciais que aprendemos nos últimos meses. Tentamos seguir suas indicações, compreendendo pouco o que está acontecendo, e adaptando o melhor possível o timing com os outros. Quando retomamos os ensaios após uma semana de pausa, divirto-me em ver o desconcerto do diretor em face da total confusão de suas atrizes. Parecemos zumbis que perderam a noção da realidade em que se encontram. O novo espaço está sem qualquer referência e não lembramos nem mesmo das sequências mais fáceis. Meses de trabalho parecem desaparecer. Texto, música, canções, ações, são envolvidos na desordem, ninguém consegue ser preciso, decisivo, incisivo. Abordamos continuamente Ana Woolf, a assistente que a cada dia escreve até mesmo as menores mudanças durante os ensaios: "O que acontece agora? Onde devo ir? Qual é a próxima cena? O que devo fazer? O que eu digo?". Eu me pergunto se poderemos seguir em frente. No dia seguinte retomamos detalhe por detalhe, reconstruindo a área na qual devemos nos sentir em casa.

O espaço vazio em frente à "jangada" habitada pelas outras atrizes torna-se meu. Para preenchê-lo começo a desenhar no chão com as cartas. Os desenhos passam desde o chão até a parede preta atrás de mim. Penso em Kaba e minhas cartas formam um álbum de fotografias, mas também o contorno de uma porta da qual sairá Sofia e a violinista Elena Floris. Assim também a chave que Roberta usa adquire outra função. Mas eu não entro pela porta. Pierangelo Pompa, outro assistente de direção, sugeriu que eu me arrastasse no chão com uma panela que deve mostrar, depois da minha invasão, o armazém detrás da "jangada", e que eu transformei em minha casa. Trabalhando na "minha" casa, um dia aparece também uma televisão.

Em cada novo espetáculo temos o problema da língua. Depois da experiência de *O Sonho de Andersen* e da difícil tradução do texto dinamarquês para as línguas dos diferentes lugares onde o espetáculo foi apresentado, Eugenio queria um espetáculo sem esse problema. Ele pensa em um texto que não é para ser entendido, que pode até ser em uma língua inventada. Ele imagina um espetáculo cuja dramaturgia não é necessariamente apoiada no texto. Ao mesmo tempo, Tage, preparando uma demonstração de trabalho, diz que o que lhe interessa agora é trabalhar com as palavras e seu significado, com a história e a relação entre voz e ações. Tage lembra, com extrema antipatia, do processo de aprendizagem dos textos em copta e grego antigo que usamos no *Evangelho de Oxyrhincus*: corre-se o risco de ele deixar o espetáculo.

Lembro-me do espetáculo *Talabot* e da importância de ter uma personagem que narra e tece o fio narrativo, fazendo com que o espectador acompanhe a turbulenta corrente de uma montagem emocional. Mesmo Eugenio insistindo que todos temos de aprender nossos textos em uma língua inventada, algo me diz que, no final do processo, palavras passíveis de entendimento remanescerão. Após as férias, Tage é convidado a falar em dinamarquês e usar os poemas de Ursula Andkjær Olsen, a poetisa que tem acompanhado os nossos ensaios e que nos dá permissão para usar livremente seus versos. Decidi que minha língua não pode ser inventada. Para contar a história do homem que vende tecidos e que emigrou do país onde seus pais, seus avós e seus bisavós haviam conhecido apenas a guerra, o exílio e a deportação, minhas palavras devem ter uma lógica que não pode ser apenas sonora. Pode ser que nem todo mundo entenda, mas alguém entenderá. Não pode ser árabe, que eu falei em *O Sonho de Andersen*. Eu escolho falar checheno.

Não é fácil encontrar um checheno em Jutland. Através de um amigo consegui encontrar um que vive em Copenhague. No começo ele recusou-se a traduzir. Disse-me que uma mulher chechena jamais aceitaria um homem que diz que a trataria melhor do que um camelo, não só porque não há camelos na Chechênia, mas também porque as mulheres do seu país são independentes e respeitadas. Também a palavra figueira deve ser alterada para nogueira. Nas várias cartas descrevo nosso teatro e o processo de ensaio, convidando-o a nos visitar. Quando ele vem, descobrimos surpresos que o elegante e cortês cavalheiro é o embaixador de um governo em exílio. Depois de ver um ensaio em que falo ora em um checheno inventado, ora em inglês, passamos várias horas juntos examinando a tradução palavra por palavra, para alterar as expressões que não o convencem, corrigindo o meu sotaque e gravando a pronúncia correta. Os três meses seguintes foram dedicados a aprender as cinco páginas de meu texto: isso foi muito difícil. Várias vezes eu desacreditei da minha capacidade. Mas uma linha de cada vez, semana após semana, repetindo uma palavra várias vezes ao dia, aprendi todas as minhas frases em checheno.

No recomeço dos ensaios, tenho que enfrentar o problema dos diálogos que mudam com a criação de novas cenas, a dificuldade de sincronizar o checheno com a dinâmica das minhas ações e, no final, o ponto culminante: aceitar o corte frase por frase, palavra por palavra, de tudo o que aprendi para dar lugar à língua local em que o espetáculo será apresentado. Por que desperdiçar tanto tempo? Faz sentido todo o esforço ou é um desperdício estéril? Provavelmente sem esse trabalho, aparentemente inútil, eu não teria descoberto a cabeça balançante e o sorriso caloroso que ilumina o meu rosto quando reconheço o som da língua chechena como se fosse uma língua materna, nem a melodia do sotaque estrangeiro e o olhar apreensivo do público quando falo na língua deles. Eu não teria tido sequer a satisfação de gritar *sa kornie* (minha criança querida) com a sonoridade de um praguejar. Faltaria uma miríade de detalhes que, ao final do processo, revelam a vida e o mistério de uma personagem.

Mas a espessura da Nikita é determinada principalmente pelo ritmo. No início, Eugenio tinha encorajado em mim um ar jocoso, mas depois ele começou a recusar o divertido estilo chapliniano da minha personagem. Ele precisa de pateticidade. Os passos, os movimentos dos braços e as posições laterais do corpo sugeriam um alegre idiota e não despertavam empatia. Todos os dias durante os ensaios, Eugenio me pedia para reduzir as manifestações externas do meu comportamento, até que percebi que tinha que mudar, ao invés disso, o ritmo.

Então me concentrei em diminuir ligeiramente o tempo, evitando sublinhar o fim de uma ação, fazendo com que as transições se tornassem suaves, e continuamente adicionei pequenas mudanças e pausas breves para diversificar as fases de um gesto. Este é o caminho para alcançar um patético grotesco, sem chorar seus infortúnios, armada com um sorriso que é a vontade de lutar e também a vulnerabilidade. Não posso perder a essência da personagem que eu criei, embora muitas das suas características – as formas externas – estejam desaparecendo.

Enquanto escrevo este artigo eu ainda tenho uma tarefa: fazer voar uma carta de baralho na minha frente e persegui-la. Todas as fotografias de nossos mortos, das famílias das mães da Plaza de Mayo ou dos túmulos nos cemitérios de guerra sem fim devem deixar o seu corpo, a sua faixa preta e o seu túmulo para libertar-se do fardo do luto com a leveza de uma borboleta que vibra em nossa memória com a tenacidade de uma vida crônica.

AVE MARIA, JULIA VARLEY

capítulo 5

2012: O ABRAÇO DA ILUSÃO,
DO PROGRAMA DO ESPETÁCULO *AVE MARIA*

A Ilusão

O meu rosto nunca é visto durante o espetáculo *Ave Maria*. Em boa parte do espetáculo estou escondida sob a máscara de Mr. Peanut, um crânio, e no restante do tempo estou encoberta por um véu e um grande chapéu preto. Eu represento a Morte. A minha pele viva não pode ser exposta, explica-me o diretor. Os espectadores não encontram jamais o meu olhar, e encontro-me frequentemente com os olhos fechados, concentrando-me no esforço de orientar-me sem nada ver. Este é um espetáculo exaustivo, mas é animado por uma necessidade vital. O que resta de uma atriz quando ela já não a é? A sua marca na história dura somente o tempo dos seus espetáculos? Como posso lutar contra o esquecimento e manter viva uma pessoa que significa tanto para mim, como, por exemplo, María Cánepa? No espetáculo, em um certo ponto, eu digo: "Pode ser que a atriz morta, tão amada por seus colegas, tenha encontrado uma nova vida. Eu não sei. Quem poderia saber? Talvez seja apenas uma ilusão!". A cada vez que apresento o espetáculo tenho a ilusão de encontrar uma resposta para as minhas perguntas.

María Cánepa

Eu conheci María Cánepa durante uma turnê do Odin Teatret no Chile, em 1988, no tempo da ditadura do general Augusto Pinochet. Isso devido ao convite de algumas atrizes chilenas que aproveitaram a nossa estada no Peru. Elas organizaram o nosso espetáculo *Talabot* em uma igreja e nos hospedaram em suas casas. Fiquei no centro de Santiago, no apartamento de María e de seu jovem marido, o diretor Juan Cuevas. Fazia as refeições com eles todos os dias antes de ir para o trabalho. Eles cuidavam de mim. María era uma atriz do Teatro Nacional Chileno, acostumada a criar suas personagens a partir de um texto. Era católica, asseada, magra, delicada, emotiva, loira, uma atriz da cabeça aos pés: muito diferente de mim.

No Chile, de 1973 a 1989, o teatro era uma ilha precária de liberdade. A censura do regime não fechou todas as salas teatrais para evitar uma reação internacional: na realidade, um espetáculo envolvia poucas pessoas.

O teatro não tinha força para combater de frente a repressão, mas foi capaz de garantir uma cultura paralela como espaço de encontro, memória e diálogo. María participava ativamente dessas atividades, abrindo escolas, ensinando, fundando grupos e apresentando espetáculos.

María era de idade avançada quando a conheci, mas tudo nela me fazia pensar em uma menina. Eu a vi muitas vezes desde então, no Chile e na Dinamarca. Nos seus últimos anos, para ter notícias dela, mantive correspondência com o seu marido Juan.

* * *

O Casamento de María

De: Juan Cuevas
Enviado: 4 de julho de 2006, 00:45
Para: j.varley
Assunto: María

Querida Julia,

Nestes últimos meses María apresenta um quadro avançado de Alzheimer. Ela não consegue se localizar no tempo nem no espaço. Não reconhece pessoas mas, de vez em quando, me reconhece. No entanto, temos tomado as precauções necessárias: temos uma empregada que vive conosco e uma enfermeira para ajudá-la. Estas são as coisas de ordem prática que os médicos recomendaram para tornar mais suportável a tal fase de sua vida. Querida Julia, conte isso a Eugenio para mantê-lo informado, pois ela sempre os guardava no coração. Eu gostaria que vocês soubessem que, embora a doença de María às vezes me angustie, estou conseguindo suportá-la e dedicar-me a María para que ela fique na melhor condição possível.

Um abraço com o carinho de sempre,
Juan

* * *

De: Julia Varley
Enviado: Quarta-feira, 5 de julho de 2006, 15:55
Para: Juan Cuevas
Assunto: Re: María

Querido Juan,

María e você sempre estiveram e estão muito próximos. Eu sei que deve ser muito difícil viver com uma pessoa querida que é ela mesma e ao mesmo tempo outra pessoa. O importante é que ela não sofra, e que seja doce como sempre foi. Iben terminou exatamente este ano o espetáculo *O livro de Ester* no qual fala de sua mãe, uma escritora que ao fim de sua vida era senil e não podia mais se lembrar. É um espetáculo comovente que espero que você possa ver um dia. Escreva dizendo-me se podemos fazer alguma coisa. Uma vez você me falou de uma aluna que queria fazer uma entrevista com María. Ela terminou? Eu gostaria de traduzi-la para o inglês. Também gostaria que as mulheres aqui da Europa a conhecessem.

Espero te ver em breve, um abraço de
Eugenio e Julia

* * *

De: Juan Cuevas
Enviado: 7 de julho de 2006, 00:33
Para: j.varley
Assunto: Re: María

Querida Julia,

Obrigado por sua rápida resposta. Você perguntou se pode ajudar de algum modo e creio que sim. Por exemplo, você pode rezar por ela, pensar em como ajudá-la a afastar-se do medo que às vezes a impede de dormir, e pode escrever-lhe uma carta que imprimo para que ela a leia. Embora ela não lembre exatamente nem faça associações corretamente, isso alegra-lhe o coração e, de alguma forma, ela sentirá o carinho e de onde ele vem. É curioso, você diz que ela deve manter a sua doçura, e assim é, na verdade, em grande parte. Todo o tempo ela fala de sua infância, mas a coisa mais curiosa é que também o poeta Neruda a chamava de "doce María". Nestes dias ela está mais tranquila e, até mesmo, mais divertida. No próximo sábado, dia 15, nos casaremos aqui com uma cerimônia religiosa. Aqui em casa, com dois ou três

AVE MARIA, JULIA VARLEY

parentes e um sacerdote, amigo nosso há anos, que fará a cerimônia. (Comeremos *hors-d'oeuvres* e ravióli caseiro como manda a tradição, ah! e um bolo de abacaxi.) O médico advertiu-me que esta fase da sua vida é incerta, que seu estado de deterioração progride. Não se sabe quanto tempo restará, pode durar uma semana ou anos. É verdade o que você disse, é tudo muito difícil, mas para mim é um presente tê-la ao meu lado.

Com o carinho de sempre,
Juan

* * *

De: Julia Varley
Enviado: Sexta-feira, 7 de julho de 2006, 14:56
Para: Juan Cuevas
Assunto: Re: María

Querida María,

Você se lembra de quando improvisamos juntas? Você era Sancho Pança no triciclo e eu era Dom Quixote. Você se divertiu muito. Isso foi durante o seminário de Eugenio em Puangue, organizado por Rebeca Ghigliotto e Raúl Osorio. Eu sempre admirei a sua incrível capacidade de atuar combinada com a sua humildade. Uma lição muito importante para as jovens. Uma delas, a australiana que só falava inglês, saindo de sua leitura de poesia em espanhol no Transit Festival aqui em Holstebro, disse-me: "De agora em diante farei sempre o meu melhor e cuidarei de cada detalhe". Eu costumo contar para os grupos de teatro que se dedicam ao training que a sua preparação para o espetáculo era ir ao cabeleireiro. As jovens apaixonam-se por você. Você também se divertiu tanto durante a última noite do Festival, jogando o *Pumpel og Pimp* com Geddy e Juan, que se esqueceu de comer. Acompanhada do seu Juan tão mais jovem que você... você virou um mito. Como deveria ser!

Eu tenho tantas lembranças que me ligam a você que gostaria de estar próxima para abraçá-la e contá-las. Você, juntamente com Juan, transformou Santiago em uma cidade conhecida e amada, à qual eu quero retornar. Na primeira vez em que você me recebeu em sua casa, passamos horas juntas sentadas, conversando, ao redor da mesa. Você tinha convidado todos do Odin e festejamos a noite toda. Você nos fez conhecer o padre Mariano Puga, um padre que usava jeans e realizava missa em uma tenda num bairro de periferia com a sua igreja simples e seu grande empenho. Você acompanhou-nos até o túmulo onde havia secretamente sido enterrado Salvador Allende, sob um falso nome. Sobre seu túmulo havia cravos vermelhos e pusemos mais. Fomos todos juntos ver o túmulo de Pablo Neruda quando ainda não tinha sido transferido para a Isla Negra ao lado de Matilde.

Você me fez chorar ao ouvir a entrevista, mandada numa fita por correio, em que falava dos anos difíceis da ditadura e da morte do poeta Pablo Neruda. Na entrevista você contava também do seu trabalho para ensinar as mulheres das *poblaciones* a falar em voz alta e segura; dava aulas de dicção até que elas pudessem começar a usar a voz em público e fazer discursos enquanto os maridos estavam nas prisões. Eu queria tanto que as outras mulheres pudessem conhecê-la. E que aventura é essa de você abrir um restaurante com seu nome? Não pude ainda ir provar, mas posso imaginar como é.

Escuto a sua voz aqui na Dinamarca com a poesia no CD que você me enviou. Você deve saber que do outro lado do mundo há pessoas que lhe desejam muito bem, que pensam em você, que desejam que você possa ser sempre serena, que possa dormir tranquila ao lado dos que a amam e que você ama, que pensam em você e a protegem. Deve saber que o seu modo dócil nos acompanha, que todo o seu trabalho continua a viver dentro de muitas pessoas em torno do mundo. Parabéns a você e a Juan pela linda festa de sábado. Nós também estaremos lá para saborear o raviólí e o bolo.

Um grande, grande abraço,
Julia e Eugenio

De: Juan Cuevas
Enviado: 11 de julho de 2006, 00:54
Para: j.varley@odinteatret.dk
Assunto: Re: María

Querida Julia

María leu sua carta muitas e muitas vezes, em voz alta. O seu comentário foi de agradecer àqueles que são tão importantes, e que quando vierem podem conhecer a nossa Mamiña (a nossa gatinha, com o seu nome em aimará que quer dizer "a criança dos meus olhos"). Ela também comentou que não era uma grande atriz, e a única coisa que fazia era obedecer ao diretor. Depois dessa breve observação ela voltou ao tema da gatinha e não conseguia recordar-se de que tínhamos estado na Dinamarca. Obrigada! Com a sua permissão, leremos a sua carta na cerimônia de sábado.

Um abraço e saudações a Eugenio! Sucesso com vossos excepcionais espetáculos!
Juan e María

* * *

De: Julia Varley
Enviado: Sexta-feira, 14 de julho de 2006, 13:19
Para: Juan Cuevas
Assunto: Re: María

Querido Juan,

Claro que pode ler a carta. Com o pensamento em vocês, um forte, forte abraço,

Ju

* * *

De: Juan Cuevas
Enviado: 18 de julho de 2006, 15:27
Para: j.varley
Assunto: Re: María

Querida Julia,

Vou lhe contar: éramos ao todo cerca de quinze pessoas entre familiares e amigos, o padre, a nossa Mamiña e tantas flores, flores para María... María recebia os convidados, não sabendo bem quem eram, mas, no seu modo reservado para transformar a situação, ela perguntava, segundo o caso: "como vai o trabalho?", ou "como está a sua esposa?", ou comentando "veja como as coisas estão no nosso país". Tudo estava arranjado. A entrada do sacerdote com a sua veste cerimonial causou um silêncio medonho durante vários segundos, até que em seguida ele pediu para que sentássemos. As suas palavras eram carinhosas e ele deu boas-vindas a todos os presentes, até quando chegou o momento no qual perguntava a todos: "O que vocês diriam a María e a Juan?".

Você conhece o jeito dos chilenos, não há um que se põe subitamente a falar, então o padre teve que insistir: "Eu sei o que devo dizer a eles, mas vocês, o que diriam?". Assim começaram os discursos até quando o mesmo padre pediu para o seu assistente ler a sua carta. Naquele momento você estava realmente ali comigo e María, e nós estávamos de mãos dadas, e ela falou no meu ouvido "nossos amigos mais carinhosos, Julia e Eugenio". Julia, eu não pude conter as lágrimas, mesmo que estas tenham sido por poucos segundos. Esse presente foi maravilhoso.

Depois o sacerdote fez brevemente a pergunta do caso e novamente María respondeu: "Sim, prometo amar Juan e cuidar dele pelo resto dos meus dias. E que continuaremos a fazer tudo juntos, sempre que concordarmos!". Essa fala provocou uma salva de palmas, e o padre finalizou a cerimônia e convidou a todos para comerem o ravióli e o bolo. Então contamos histórias, conversamos, rimos e passamos um dia cheio de felicidade.

Obrigada, Julia, e o nosso carinho a Eugenio.
Juan

A Voz de María

Eu sempre admirei em María a combinação de ingenuidade e astúcia, doçura e decisão. Em particular comoveu-me a entonação, o ritmo e o calor da sua voz, que expressa essas características. Ela tinha na voz a segurança de uma atriz que acreditava no valor do teatro. Eu senti uma profunda ligação com ela, admirando a simplicidade com a qual ela explicava os fatos históricos de seu país e o modo como dedicou uma gravação de poesias à sua família e aos seus amigos.

Em cena, a sua voz tinha um quê de retórico, como a voz das atrizes de outros tempos, mas convencia-me. Ela sabia convencer e fazer aceitar a ilusão do teatro, transfigurando a exaltação dos sentimentos e os excessos da teatralidade. Enunciava com sinceridade as desconcertantes frases cheias de amor e paixão que eu não teria coragem de pronunciar. Afirmava ter fé no ser humano, enquanto eu frequentemente refugio-me no ceticismo geral que me rodeia. O prodígio de María era de permitir a nós, que a escutávamos, crer em um futuro melhor, ao menos pelo tempo que durava a sua declamação.

A cada vez que ouço o seu particular sotaque espanhol, transporto-me para o Chile, recordando-me do choque do golpe militar em 11 de setembro de 1973. Enquanto María recita poesias de amor, penso nos anos de desespero, de esperança, de vitória e de decepção que, em 1974, quando eu era apenas uma atriz iniciante, tinham também me animado a fazer um espetáculo, isto com o Teatro del Drago, em Milão, antes de eu entrar para o Odin Teatret. Depois disso, me vem à mente os telhados de metal colorido de Valparaíso, a esposa de Allende, o grande amor nos versos do *Capitán*, as canções de Violeta Parra, as mulheres das *poblaciones* que pintavam flores na frente de seus barracos de chão batido, a escola de teatro popular para os jovens, as igrejas sem adornos dos padres da Teologia da Libertação, os murais coloridos, os flamingos rosados no deserto de Atacama, as paisagens da Patagônia de Torres del Paine, os pássaros que alimentam seus filhotes em ninhos presos ao recife no Estreito de Magalhães, as esculturas de terracota e de ráfia do mercado de

Temuco, a geleira em forma de caracol que desliza no lago Grey, o silêncio do Valle della Luna, o teleférico do Monte San Cristóbal, as joias de lápis-lazúli que usei em *Talabot*, as canções mapuche, a história da mulher torturada que, descendo as escadas de sua casa nova, que dão para o porão, reconhece a prisão em que ela esteve, e na qual sofria com os olhos vendados...

María morreu em 27 de outubro de 2006. Um ano mais tarde, enquanto eu estava em turnê em Montevidéu, Juan chegou de Santiago e me deu o terno cinza-pérola que María tinha usado para receber o Prêmio Nacional de Artes, no Chile, para recitar poesia no Transit Festival e para se casar pela segunda vez alguns meses antes de morrer. Eu me senti responsável por esse legado, mas nunca poderia usar o vestido: María era muito menor do que eu.

Eu tive a sorte de experimentar o encanto de María como atriz, sua generosidade e dedicação ao ofício, sua postura que foi revelada em pequenas ações. Como fazer para que a sua beleza continue a existir e a sua sabedoria a inspirar? Decidi preparar um espetáculo sobre ela. O terno cinza-pérola viria a ser o primeiro objeto desse espetáculo.

Matando o Tempo

Emilio Genazzini, diretor do Abraxa Teatro, convidou-me para um festival organizado por ele em um parque de Roma, em setembro de 2009. No mesmo período, um outro amigo, Bruno Bert, crítico e diretor argentino que mora no México, pediu-me uma cena com a minha personagem da cabeça de crânio, Mr. Peanut, para o Festival de teatro de rua que dirigia em Zacatecas. Pus-me a trabalhar durante as férias de verão.

Tomei inspiração em uma parada de rua que preparei para o Festuge (semana festiva) de Holstebro. Ao longo do caminho, Mr. Peanut mudou seu figurino: de mulher ele se fez homem e, em seguida, noiva; do vermelho para o preto e então para o branco; de alegre para assustador e então para ritualisticamente solene. Eu também pensei em um espetáculo do Theatrum Mundi, *Ego Faust*: Mr.

Peanut, vestido de noiva, entrega uma pedra a Margherita, usada para matar seu bebê. Eu ainda tinha no meu armário todas as pequenas roupas que reapareciam na última cena.

Preparei uma sequência acompanhada de fragmentos gravados da ópera *Faust*, de Charles Gounod, usando as mudanças dos figurinos do espetáculo de rua do Festuge e a pedra e as roupas de *Ego Faust*, incorporando ainda diferentes danças de Mr. Peanut. Eu mostrei essa montagem, que tem cerca de meia hora, para Eugenio

AVE MARIA, JULIA VARLEY

Barba. Faltavam duas semanas para o festival de Emilio Genazzini, em Roma, e eu precisava que ele me ajudasse com a direção.

Eugenio reagiu à música: não se entendia o texto dos cantores, não tinha ritmo, não despertava associações nele. Ele saiu da sala e pediu a Donald Kitt, ator do Odin Teatret que estava passando por acaso, para trazer algumas amostras de sua música favorita. Um dos CDs de Donald era de Miles Davis. Ouvimos algumas músicas e Eugenio escolheu uma. Ele começou a adaptar os passos de uma dança minha ao ritmo dessa nova música. Tudo tinha de ser muito lento. Além disso, após cada passo, eu tive que adicionar pausas: uma novidade absoluta para mim. Com o hábito de transformar peso em energia e de valorizar variações e mudanças de tensão, achei difícil transmitir a sensação de cansaço que o diretor me pedia. A morte está exausta, ele repetia. Eu não conseguia pensar na carga de trabalho da Morte, mas apenas nos meus deveres como atriz. Era óbvio que o diretor não buscava uma fadiga entediante, introduções inanimadas e uma passiva não ação: eu tinha que criar uma expectativa envolvendo todo o corpo. Mas tinha que fazer isso de um modo diferente do usual.

No primeiro dia de trabalho em conjunto, além da música de *Faust*, Eugenio tinha também eliminado o figurino vermelho de Mr. Peanut que apresentei em uma cena com valsa: lembrava cenas já vistas antes. Em vez disso, para a cena em que o Mr. Peanut estava vestido de noiva, escolheu a *Ave-Maria* de Schubert. Mesmo com essa música eu tive que me esforçar para chegar ao ritmo de lentidão de cada pequeno movimento, desde o vestir da saia até o colocar do véu, da maneira de andar à de sentar, do abrir o jornal até o soltar de um longo fio dourado. Para salvar a mulher de vermelho e a sua dança veloz, consegui convencer Eugenio de que a música da Penguin Coffee Orchestra fazia um bom contraste com a de Miles Davis e Schubert. Então tive que improvisar uma sequência de tarefas domésticas – passar roupa, lavar pratos, tirar pó, varrer – mantendo sempre um caminhar engraçado e com requebrado.

Depois de ter mudado a música, Eugenio queria pendurar um dos vestidos de criança de *Ego Faust* que, na minha proposta, eu tinha golpeado com uma pedra. Ele me fez esticar uma corda e pendurar o vestido com os prendedores. Eu não sabia qual a necessidade que ele buscava satisfazer e no que estava pensando. Talvez ele só quisesse caminhar na direção oposta à que se guiava intuitivamente quando não sabia o que fazer: transformar a seriedade da minha história de Faust e Margherita em algo divertido. Foi dessa forma que surgiram: a corda de pendurar roupas, peças íntimas de homens e mulheres, tábua e ferro de passar, e, em seguida, também uma boneca e um pequeno caixão.

Nos espetáculos do Odin Teatret, Mr. Peanut apresenta-se muitas vezes com um pequeno esqueleto: a Morte acompanhada por seu filho. É uma convenção que os nossos espectadores conhecem. Não seria esperado que aparecesse uma boneca de aparência humana que o tempo transforma em esqueleto. Então, Mr. Peanut teve que aprender a se comportar como uma mãe abraçando a boneca, brincando com ela, vestindo-a e colocando-a para dormir no pequeno caixão. Não foi fácil: eu concentrava-me para não enroscar o figurino na tábua de passar roupa, a tábua de passar roupa nos véus, os véus nos dedos das mãos, os dedos na tampa do caixão, a tampa do caixão no fio dourado que eu deixava escorregar das minhas mãos. Sempre com extrema lentidão e sem conseguir ver quase nada.

Depois de uma semana, da nova montagem de três cenas – o homem de preto, a mulher de vermelho e a noiva de branco – surgiu o espetáculo *Matando o Tempo: 17 Minutos da Vida de Mr. Peanut*, pronto para seguir para Roma. Eu não podia nunca imaginar que ele também seria o início de um outro espetáculo, *Ave Maria*.

Anjos

Muito tempo antes, no inverno de 2008, durante os ensaios do espetáculo de grupo *A Vida Crônica*, Eugenio pediu às atrizes para preparar uma cena com o título "A luta com o anjo". Decidi que o meu anjo era María Cánepa. Eu não lutava com ela. Na verdade, tinha a sensação de que ela me protegia como um anjo da guarda sempre atrás de mim. Ela fazia com delicadeza, assim como quando me convidava para jantar na sua copa toda arrumadinha em Santiago, ou fingia que era ela quem precisava de proteção, como quando trabalhamos juntas.

Em seus escritos, Eugenio às vezes chama a atriz de "anjo", talvez para indicar um tipo de ser com quem ele deve lutar para permitir que a forma de um espetáculo surja. Muitas histórias compõem esse confronto e conflito entre atriz e diretor. Por exemplo, Eugenio me disse que, se eu quisesse contar a história de María, deveria dar essa tarefa para outra personagem e não representá-la diretamente em cena. Assim, durante os ensaios de *A Vida Crônica*, eu contava a vida de María através do Tio da América, adaptando a essa personagem masculina que eu havia criado alguns episódios que seu marido Juan tinha me escrito. O Tio da América falava de uma emigrante do Chile, nascida na Itália e apaixonada pelo teatro. Na minha nova proposta, María era a cabeça loira de um boneco que se transformava em um pequeno crânio.

Todos os dias eu trazia comigo para a sala de trabalho duas bolsas cheias de fotos de María, artigos de jornal, poemas, letras de músicas em espanhol, as cartas de Juan, o CD de poemas recitados por María com a dedicatória final aos amigos, biografias baixadas da internet, artigos meus, velhas ideias de espetáculo que trata da voz, de mulheres veladas e fios dourados. Os papéis foram misturados a tecidos, tesouras, cartas de baralho e às histórias do Tio da América, que, ocasionalmente, também falava sobre a grande atriz chilena. Os materiais que eram de dois espetáculos diferentes confundiam-se. Ao final, com o desenvolvimento de uma cena da personagem para *A Vida Crônica* e a cena de luta com o anjo, eu tinha cerca de uma hora de materiais. Eles nunca foram usados. Para *A Vida Crônica*, o Tio da América transformou-se em uma mulher, esqueceu todas as referências do Chile e do espanhol, e aprendeu a falar checheno. Em *Ave Maria* só foram utilizadas a gravação em que María conta sua vida e recita dois poemas, e as páginas de um jornal de Santiago com dois artigos: um sobre o seu casamento e outro sobre o seu funeral, intitulado "Fim de Partida".

Permaneceu também uma lembrança. Com referência ao dia em que as cinzas de María foram lançadas no Oceano Pacífico, no final da cena da luta com o anjo, eu cortava uma fita, derramava gotas de água salgada sobre os pés e terminava a cena deitada no chão. Ainda me lembro dessa posição a cada vez que em *Ave Maria* eu lentamente me agacho ao lado de Mr. Peanut coberto com as páginas de jornal. Agora, o grande chapéu obriga-me a manter a minha cabeça levantada, sem poder deitar-me e descansar no fundo do mar.

Como resultado desse trabalho, Eugenio estava convencido de que uma profunda motivação empurrava-me a criar um espetáculo sobre María Cánepa. Eu tinha expressado esse desejo muitas vezes, mas durante os três anos em que estivemos trabalhando juntos para terminar

A Vida Crônica, outras tarefas tinham sido priorizadas. Eugenio não me disse nada naquele momento, mas depois contou várias vezes em público que a minha motivação tinha plantado nele, como diretor, a necessidade de se colocar novamente em confronto com a atriz. Assim que foi possível, ele propôs que nos puséssemos a trabalhar nisso.

A surpresa foi que o ponto de partida para o espetáculo sobre María Cánepa não era a cena que eu tinha preparado, mas a montagem das três versões de Mr. Peanut em *Matando o Tempo*. Eu não conseguia acreditar que um espetáculo sobre María poderia ter algo a ver com a Morte, que se transforma de homem em mulher e em noiva, mas continuei a fazer o meu melhor para seguir e cumprir as exigências do diretor. Tomei como exemplo María, que, na parte final da gravação de poesias, falando de sua vida, tinha afirmado que o carinho recebido se retribui apenas com carinho, que ela tinha sempre trabalhado, obedecido ao diretor e interpretado seus papéis, e que, depois de sessenta anos como atriz, se lhe tivessem perguntado, ela faria tudo de novo.

Acho que na realidade Eugenio estava fascinado pelo desafio de lidar com a personagem da Morte. Teria ele sido capaz de surpreender a si mesmo e aos espectadores? Ou era a qualidade da voz gravada de María que estava convencendo-o? Senti que María continuava a me proteger como um anjo da guarda.

Neti-Neti

Outro processo de trabalho foi colocado em ação, mas as características do início continuavam a me perseguir. Desde o primeiro dia quando Eugenio queria que eu seguisse o ritmo do trompete de Miles Davis com uma lentidão exagerada, foi iniciada a sua sequência de *neti-neti*, que me acompanhou até o final dos ensaios da peça que três anos mais tarde chamar-se-ia *Ave Maria*.

Para consertar a relação com a música, as diferentes sequências de improvisações e o modo de dizer o texto, o diretor guiou-me movimento por movimento e palavra por palavra. Eu repetia, mas o que fazia nunca estava bom, e eu sempre tinha que mudar: uma nota da música e

AVE MARIA, JULIA VARLEY

um passo, três notas e mais outro passo, um tom alto e levanto o braço, uma série de notas baixas e viro a cabeça para olhar... eu levanto o meu braço e digo três palavras do texto, dobro um dedo e uma palavra... a primeira frase em voz baixa, a segunda alta, a terceira lenta, com a quarta uma pausa... muitas instruções para uma cena de poucos segundos, muitos *neti-netis* do diretor para minhas tentativas de atriz.

* * *

De: Julia Varley
Enviada em: 15 de julho de 2012, 13:02
Para: Eugenio Barba
Assunto: ensaio aberto

Eu queria lhe contar algumas das reações ao ensaio aberto de *Ave Maria* no Festival Vértice aqui no Brasil. Acho engraçado que agora, ao contrário do ensaio aberto em Cardiff, em agosto do ano passado, todo mundo acha que o espetáculo realmente trata de María Cánepa. Especialmente as chilenas emocionam-se e sentem-se orgulhosas. Verónica Moraga disse-me que era bonito ver a cena da mulher de vermelho, era como se María tivesse agora um filho e ela pudesse brincar com ele. Muitos me perguntaram sobre María e o que me liga a ela. A imagem final sempre prende o público mas ninguém menciona a Morte, nem como um tema nem como uma personagem.

* * *

De: Eb
Enviada em: 30 de julho de 2012, 18:11
Para: Julia Varley
Assunto: Re: ensaio aberto

Eu sofro vendo você aflita enquanto nós trabalhamos em *Ave Maria*, mas o anjo de olhos vendados dentro de mim (ou o cavalo cego) sabe a direção certa, embora eu não saiba traduzi-lo em palavras. Ele guia-nos para um espetáculo zen, e, ao final, a atriz vai gostar novamente do diretor.

* * *

De: Julia Varley
Enviada em: 31 de julho de 2012, 15:54
Para: Eb
Assunto: jardins zen

Eu gosto sempre de você, acontece que o trabalho é realmente difícil. Infelizmente não basta apenas que o espetáculo seja bom para se desejar fazê-lo! Outro pensamento me veio esta manhã, enquanto eu estava repetindo o texto em inglês de *Ave Maria* e tomando sol: se o espetáculo deve se tornar um jardim zen, é realmente necessário semear, deixar crescer e cuidar de um belo jardim tropical para depois arrancar pela raiz todas as plantas? Não seria melhor carregar pedras? É realmente o sofrimento de arrancar que dá qualidade ao jardim zen?

* * *

De: Eb
Enviada em: 31 de julho de 2012, 19:06
Para: Julia Varley
Assunto: Re: jardins zen

Não estou falando de um jardim zen, mas de um espetáculo zen. Compreendo a sua dor neste processo que você chama de arrancar. Mas se eu guiá-la para algo inefável, difícil de explicar e que mora na oração, na poesia e no amor, podemos somente seguir o caminho do NETI-NETI, não isso, não aquilo.

* * *

De: Julia Varley
Enviada em: 1 de agosto de 2012, 16:00
Para: Eb
Assunto: Re: jardins zen

Neti-Neti? Você pode explicar para a ignorante?!

* * *

De: Eugenio Barba
Enviada em: 1 de agosto de 2012, 19:43
Para: Julia Varley
Assunto: Re: jardins zen

NETI (sânscrito) significa NÃO, no hinduísmo é o caminho conceitualmente a seguir para se obter a experiência do Ser Supremo. Deus é um cavalo? *NETI*. Deus é um não cavalo? *NETI*. Deus é um burro? *NETI*. Deus faz o bem? *NETI*. Deus faz o mal? *NETI*. Julia faz isso. *NETI*. Julia faz aquilo. *NETI*.

* * *

Seminários

Faz alguns anos que Eugenio e eu fazemos, sempre em dezembro, um seminário numa chácara em Brasília, fora da cidade. É intitulado "A Arte Secreta do Ator" e é organizado pela diretora Luciana Martuchelli com seu grupo YinsPiração. Todos os anos tentamos desvendar para nós e para os participantes as particularidades da ficção teatral, aquilo que chamamos de "pensar por ações". Eugenio recorda as invenções técnicas fundamentais que utilizamos em nosso trabalho: a segmentação, de Stanislavski; o comportamento que não corresponde ao texto, de Meyerhold (desenvolvimento independente de uma partitura física e vocal que se encaixam mais tarde); e o processo de redução das ações do Odin Teatret.

Durante uma sessão eu exemplifiquei o processo de segmentação levantando uma cadeira. A sequência de ações foi dividida em abaixar-me, segurar os braços da cadeira, pegar os pés da cadeira com as minhas mãos, pressionar os dedos, olhar para o lado, voltar ao local conveniente para levantar o peso e levantar a cadeira colocando-a em pé. Fixei a sequência com a cadeira, em seguida realizei a sequência sem o objeto, mantendo as variações e as tensões das poucas ações que inventei.

Para demonstrar a força expressiva dessa simples sequência, Eugenio me pediu para improvisar perante as participantes. Improvisar no sentido de variar: eu tive que mudar a amplitude das ações, o ritmo, permanecendo no lugar ou usando toda a sala, girando em diferentes pontos no espaço, explorando todas as direções, avançando na sequência, retornando subitamente e, em seguida, continuando a sequência de ações, por vezes repetindo algumas delas, realizando ações com apenas o tronco, a face ou as mãos, dançando com uma atitude extrovertida ou introvertida, seguindo diferentes associações. A improvisação durou cerca de vinte minutos e foi gravada em vídeo. Para o desconcerto dos participantes, Eugenio me pediu para memorizá-la.

Não foi nada fácil e isso me tomou muito tempo. As variações de tensão eram contínuas e mínimas, ditadas pela busca de variação do aqui e agora, mas o que eu fazia era apenas levantar uma cadeira. Não tinha nenhuma imagem que me ajudasse a lembrar. Eu lia em minhas anotações "levanto o meu braço esquerdo e, em seguida, o direito", "me inclino para a direita e olho", "dou alguns passos e me curvo", sem ser capaz de distinguir a parte da improvisação à qual me referia. Eu era incapaz de anotar as mudanças que já eram difíceis de reconhecer no vídeo. Depois de quase desistir, resolvi brevemente a tarefa aprendendo a improvisação generalizadamente e acrescentando, cada vez que eu a repetia, a tensão e a energia particular da improvisação realizada pela primeira vez. Eu transformava ações em reações, algo que eu inventava no instante.

Nos anos seguintes, nas sessões do seminário "A Arte Secreta do Ator" em Brasília e em outras oportunidades de trabalho aberto, Eugenio persistiu na improvisação da cadeira. Ele estava tentando desenvolver meus materiais como atriz nos quais não repetisse as minhas tendências e maneirismos, montando com isso as cenas de *Ave Maria*. Estávamos no meio de um intenso programa de turnê com *A Vida Crônica*. Utilizamos os seminários em vários lugares do mundo para ganhar algumas horas de trabalho no espetáculo. Eugenio aproveitou-se disso para mostrar a "cumplicidade" ou o "real" trabalho da atriz com o diretor.

Tive que adaptar a improvisação da cadeira ao som de uma marcha fúnebre, repetindo infinitamente as inúmeras variações de como inclinar-me, de parar repentinamente, de olhar em diferentes direções. Recomeçava continuamente para avançar de segundo a segundo e fixar cada ação sob as notas musicais, inserindo pausas e acelerações bruscas. Após várias fases de elaboração, Eugenio entregou-me uma fotografia de María e pediu-me para rasgá-la. Ao me lembrar da improvisação, como cada ação foi fixada na música, cantando algumas notas da música em uma oitava acima, em seguida, abaixo, e em seguida, rindo, agora eu também tinha que pegar do chão as inúmeras partes da fotografia que eu tinha rasgado. Cinco passos e um pedaço de papel, oito passos e dois pedaços... eu tinha que jogá-los para cima, ter dois punhados deles, pisar neles, mantê-los escondidos atrás das minhas costas... em todo o tempo a única imagem que me acompanhava era o levantar de uma cadeira: uma verdadeira tortura!

Para exemplificar aos participantes a criação de ações partindo de um texto, eu também transformei cada palavra de um escrito em uma sequência física, depois cada ação física em ação vocal, e cada ação vocal em um modo de dizer o texto. No final, tive que dançar ao ritmo pontuado de uma alegre música brasileira, relembrando todas as ações que passavam em uma sucessão muito rápida. Criei uma nova cena partindo de outros textos e busquei inspirações de imagens para encontrar ações vocais. Tudo era improvisado, fixado, repetido, montado e elaborado com objetos e figurinos no curso de algumas horas para demonstrar aos participantes do seminário todo um percurso criativo desde os primeiros passos até os primeiros possíveis resultados. Trabalhar em público é útil, mas extenuante. Aquilo que durante os ensaios pode levar meses para ser incorporado e desenvolvido, em situações públicas deve coagular dentro de poucos dias para dar a sensação a quem observa de que, apesar da dureza, o caminho abre perspectivas inesperadas.

Durante outra sessão de "A Arte Secreta do Ator", sempre em Brasília, o *Réquiem* de Mozart foi o ponto de partida de uma série de improvisações. Aqui, o diretor solicitou violência e força. Ele estava à procura de soluções para a cena em que eu tirava a máscara de Mr. Peanut. Durante muito tempo, essa cena quebrava o espetáculo em dois, mudava a convenção teatral e era preciso criar continuidade. Ao invés do comum, Eugenio começou a tentar enfatizar essa quebra. O diretor sugeriu-me imagens como "a morte de São Sebastião", "cavalos selvagens" e "luta entre gladiadores". Os resultados que eu fixei deixaram-me sem fôlego por conta do esforço que exigiam. No ano seguinte, o diretor pediu-me para transformar essas sequências separadas em uma única cena: a ternura de uma mãe protegendo o filho. "Você pode reduzir e mudar o ritmo" – me incentivava o diretor. Como explicar para ele que tudo pode ser mudado menos a essência da ação?

Depois do cansaço de criar, aprender e mudar, acabei me afeiçoando ao material incorporado, mas toda vez eu tinha que concordar em voltar ao início, jogando quase tudo fora. Depois de tantos anos de espetáculos solo e com o grupo, eu media a minha capacidade de lidar com a necessidade de não me repetir. Mas o equilíbrio entre a necessidade de encontrar algo novo e sentir a sua personalidade aniquilada é delicado. Para *Ave Maria*, a colaboração entre a atriz e o diretor foi difícil, espinhosa, frequentemente dolorosa. Em vez de estimulação mútua, foi estabelecida uma falta de confiança de ambos os lados. O diretor entusiasmava-se, propondo soluções técnicas e sempre mais objetos, enquanto eu me opunha, pensando nas viagens em turnês futuras. O diretor protestava contra essa minha forma de censura que limita a sua criatividade, e eu acusava-o de ter se tornado impaciente e querer pegar atalhos.

Por trás do véu que escondia o meu rosto chorei tentando conter a minha impetuosa necessidade de protestar. Mas também estava feliz que o véu e o chapéu escondiam a minha expressão, especialmente por conta dos espectadores que acompanhavam o processo. Como atriz, com o solo em *O Castelo de Holstebro* e *As Borboletas de Doña Música*, eu tinha conquistado a minha autonomia. Com *Ave Maria* voltei a ser uma iniciante. Era como se o espetáculo fosse sendo construído, fragmento por fragmento, usando as instruções minuciosas do diretor, em um processo que me lembrou do meu primeiro espetáculo com o Odin Teatret, *Cinzas de Brecht*. Foi como se a maturidade devesse se revelar na aceitação do retorno ao ponto inicial.

O Abraço

Minhas origens no teatro são marcadas pelo Chile. Quando adolescente, comecei a fazer teatro na Itália ao lado dos latino-americanos exilados. Com eles aprendi as primeiras técnicas do ofício e com eles aproximei-me do Odin Teatret. Naquele tempo, quando eu ainda morava em Milão, um dos meus primeiros espetáculos era para protestar contra o golpe militar no Chile em 11 de setembro de 1973. Salvador Allende, Augusto Pinochet, Victor Jara, Inti Illimani e Pablo Neruda foram nomes familiares no meu compromisso de jovem militante da esquerda extraparlamentar.

Até mesmo o Mr. Peanut lembra-se bem do Chile: ele foi dar um pedaço de pão em formato de coração para os pássaros em frente do Moneda, o edifício onde no dia do golpe de Estado, em 1973, morreu Salvador Allende e onde, também em 1973, Augusto Pinochet foi instalado. Mr. Peanut pulou a cerca do gramado, ele segurava ao alto o coração de pão, e começou a esfarelá-lo. Nós não sabíamos que naquela mesma manhã havia ocorrido uma manifestação e foi por isso que a polícia de choque foi chamada ao palácio presidencial do ditador. Mr. Peanut foi derrubado, golpeado e arrastado. Eles tentaram rasgar a máscara que estava amarrada no meu queixo e carregaram-me, puxando-me pelos cabelos e pelas pernas de pau. Eugenio correu em minha defesa e ele também foi levado. Somente a intervenção de algumas atrizes chilenas, amigas nossas, entre elas a notada atriz de televisão Rebeca Ghigliotto, e da embaixada da Dinamarca, tirou-nos da delegacia. Conseguimos reaver a máscara e o figurino. Depois do medo, a Morte voltou a sorrir nos meus braços. Era 1988 e o regime militar ainda estava no poder.

No espetáculo do Teatro del Drago sobre o golpe no Chile, em Milão, em 1974, em um ponto da peça eu usava uma máscara de morte para representar a Democracia Cristã daquele país que apoiava a greve dos transportadores que sabotavam o governo de Salvador Allende. Hoje, quase quarenta anos depois, *Ave Maria* transporta-me para o Chile com uma outra máscara da morte.

Quem conta a história de María? A Morte pode ser uma personagem que narra a vida e suas transformações? Enquanto os primeiros espectadores de *Ave Maria* comoveram-se por causa da doçura e alegria de María, eu fecho meus olhos atrás do véu e do chapéu. O mundo ao meu redor torna-se estreito e escuro. Tento trabalhar, obedecer ao diretor e interpretar o meu papel ouvindo as palavras de María. Espero que as camadas de *neti-neti* teçam o véu da ilusão teatral nos gestos, silêncios e palavras que fazem as pessoas rirem e, no final, que reste o silêncio dos espectadores. Sei que um dia abrirei meus olhos novamente e tomarei a energia do espaço ao meu redor.

No verão de 2012, assisti a uma palestra do escritor italiano Erri de Luca. Ele contava, entre outras coisas, sobre um poeta de Sarajevo que perdeu a esposa. Nos poemas de amor que ele lhe tinha dedicado havia estes versos: "três bilhões de mulheres no mundo e não são você", e "deixa-me te abraçar com este poema". Se a poesia é um abraço, também um espetáculo pode ser.

No espetáculo *Ave Maria* ganham vida em mim Salvador Allende e Pablo Neruda, Rebeca Ghigliotto e María Cánepa. Eles me abraçam e eu os abraço. O abraço é uma ilusão, porque ele dura apenas o tempo de um espetáculo que desaparecerá comigo. Mas a ilusão é a arte do teatro: manter vivo o que não existe; dar som e presença às palavras no papel; fazer falar e agir aqueles que são apenas memória. Fazer um espetáculo para manter María viva é a minha ilusão vital do momento, até chegar também a minha vez de ser abraçada por uma senhora de rosto velado que usa um chapéu preto elegante.

AVE MARIA, JULIA VARLEY

TERCEIRA PARTE
Outras personagens e processos de trabalho

O TAPETE VOADOR, JULIA VARLEY

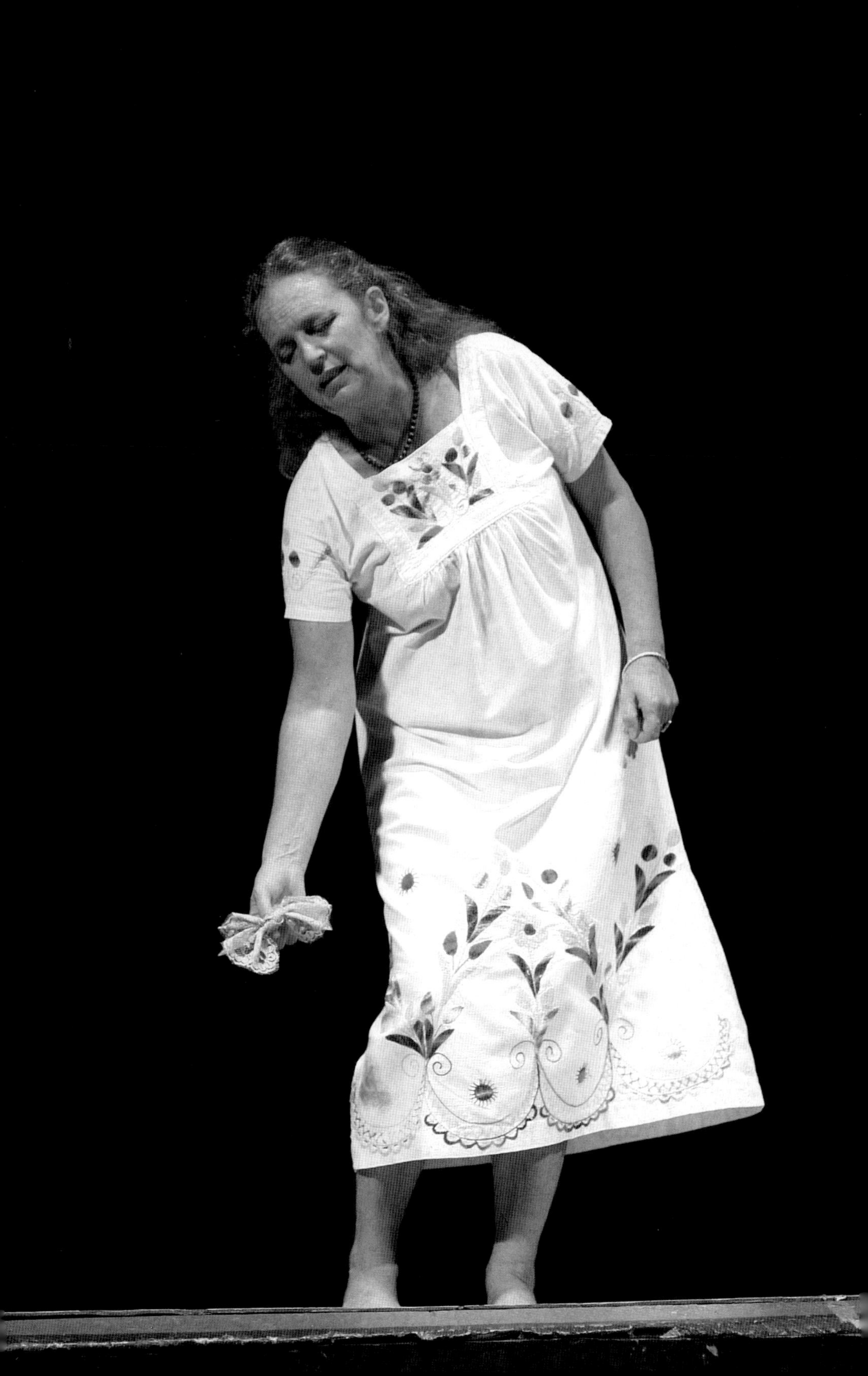

O TAPETE VOADOR, JULIA VARLEY

capítulo 1

O TAPETE VOADOR

O Tapete Voador é o título da última demonstração de trabalho criada por mim. Ela começa com esta frase: "Texto – vem de tecer, o entrelaçamento de muitos fios. No teatro o texto é um tapete que deve voar longe".

Toda vez que escrevo sobre o meu trabalho de atriz eu me pergunto quantas de minhas palavras serão compreendidas sem as ações que as acompanham. No final de *O Tapete Voador*, uma estante de partituras com folhas de papel cheias de palavras cai no chão. No palco pode-se ver pedras e cacos de vidro. Até o tapete sobre o qual a estante estava cai depois de voar. Dobro-o lentamente enquanto canto. A demonstração termina e, naquele momento, sinto somente o cansaço de ter apresentado durante uma hora os textos de trinta anos de espetáculos atuados com o Odin Teatret. Se eu estabeleço um diálogo com o público após a demonstração, é provável que me perguntem: "Como se trabalha um texto no Odin Teatret?". Talvez não tenham ouvido o que eu disse antes ou talvez tenham escutado outra coisa.

O Castelo de Holstebro, meu primeiro solo, nasceu como uma demonstração de trabalho. Mr. Peanut, a personagem com as pernas de pau e a cabeça de crânio, começava dizendo: "Eu não sei o que devo contar-lhes, o que vocês querem saber de mim, no fundo sou apenas uma criança". Era 1989 e eu fui convidada para o Festival Magdalena *A Room of One's Own*, organizado por Geddy Aniksdal e Anne-Sophie Erichsen, do Grenland Friteater, na Noruega. Eu teria que ir sozinha ao festival, sem o Odin Teatret e seus espetáculos, mas deveria, de alguma maneira, apresentar a minha identidade profissional. Preparei uma primeira montagem de cenas pertencentes a antigos espetáculos, incluindo elementos tirados do treinamento, partituras físicas e vocais não utilizadas anteriormente, técnicas de improvisação e de composição, cantos e textos, diálogos entre as distintas personagens, cada uma com seu figurino. Escolhi Mr. Peanut para falar por mim, para funcionar como uma estrutura, falando diretamente aos espectadores e desculpando-se pela atriz, que não era ainda capaz de dar explicações técnicas claras e objetivas. Somente depois compreendi que mesmo a minha transmissão pedagógica deve basear-se em um ponto de vista subjetivo e pessoal.

As palavras que eu tinha escrito seguindo a lógica dramatúrgica de uma demonstração que apresentava a minha experiência como atriz, faladas pela "Morte", assumiam significados inesperados. A primeira vez que repeti todas as cenas sequenciadas surpreendi-me: o material havia se transformado, revelando uma natureza diferente e decidindo autonomamente tornar-se um espetáculo. O tema ainda estava escondido por trás das ações, e para identificá-lo eu teria que eliminar as mudanças de figurino desnecessárias e agregar as conexões que me permitissem passar de um universo de imagens a outro. Pensar na demonstração no início, portanto, me facilitou a tarefa de ordenar e organizar as cenas: Mr. Peanut falava e explicava, e devia convencer e ser crível. Para ser eficaz, a técnica mostrada para os espectadores devia ser transcendida. Passei pelo mesmo processo anos depois quando trabalhei sozinha em outro espetáculo, *As Borboletas de Doña Música*.

Eu havia acabado de chegar ao Odin Teatret, quando, em 1977, o grupo organizou um seminário sobre o teatro-dança da Índia em sua sede em Holstebro, Dinamarca. Naquela ocasião eu assisti às demonstrações de grandes mestres como Sanjukta Panigrahi, Shanta Rao e Krishna Namboodiri. Em frente a espectadores incrédulos que haviam sido enfeitiçados por seus espetáculos, cada um deles havia aceitado humildemente apresentar os primeiros passos de suas aprendizagens, explicando com paciência como eles construíram, elemento por elemento, a imensa complexidade de seu virtuosismo expressivo e rítmico. Lembro-me que meu mestre daquele momento, Tage Larsen, um dos atores do Odin Teatret, disse-me que, depois de ver tais demonstrações e tanta beleza, só se sentia capaz de limpar a van do teatro. Eu sentia-me infinitamente pequena.

Ainda nos primeiros dias no Odin Teatret, fui encorajada a estar disponível para compartilhar minha experiência e o conhecimento que os outros tinham me passado. Ouvia repetir a mim mesma: "O que você recebeu, deve dar!". O sentido de responsabilidade do Odin Teatret até para com outros grupos de teatro, atrizes e jovens que se iniciavam na profissão, também tinha que ser meu, mesmo que eu tivesse apenas perguntas e curiosidades para compartilhar, em vez de segurança e habilidades. Quando adolescente eu havia ensinado outras crianças a cavalgar; e, começando a fazer teatro em Milão, Itália, eu tinha aberto uma escola de pesquisa para atrair professores e poder aprender juntamente com outros estudantes. Desde sempre, ensinar obrigava-me a aprender, e a responsabilidade de organizar coisas para outras pessoas fortalecia o meu ofício.

Ao longo dos anos, o problema a ser resolvido estava na quantidade de pessoas que queriam participar de nossos seminários. As demonstrações têm sido uma das maneiras de atender às demandas de formação cada vez mais numerosas e de relatar o processo de trabalho do Odin Teatret àqueles que não têm a oportunidade de nos encontrar na prática.

Com o Odin Teatret, incorporei princípios, presença cênica e um saber-fazer. Com The Magdalena Project, uma rede de mulheres no teatro contemporâneo, aprendi a explicar. Foi nesse contexto que comecei a dar seminários, a documentar e escrever, reconhecendo no meu processo de atriz um valor além da mera técnica teatral: um modo de me situar na história do teatro e construir a minha própria linguagem pessoal como mulher. Com

O TAPETE VOADOR, JULIA VARLEY

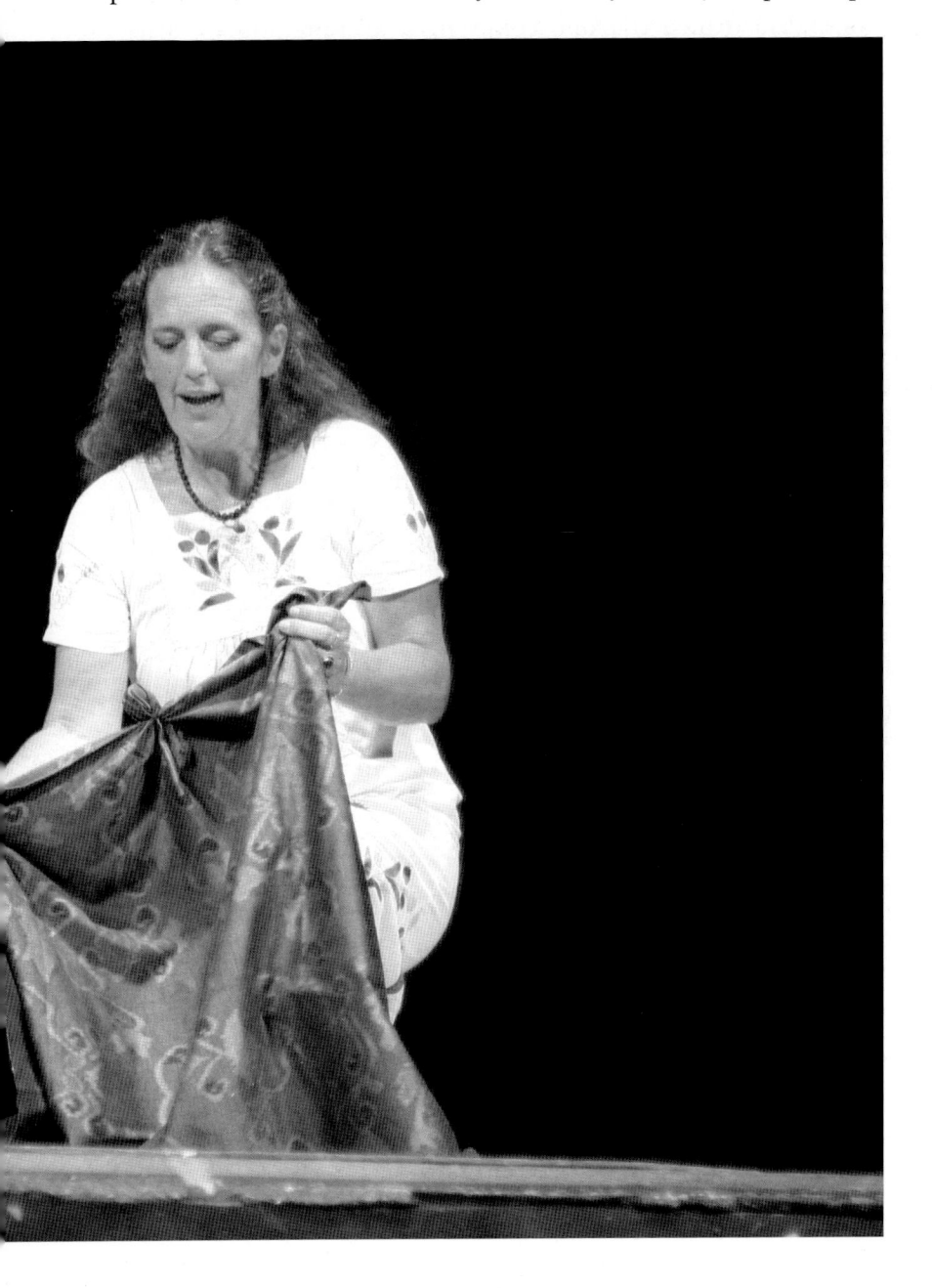

The Magdalena Project descobri que a força da vulnerabilidade é fundamental para a minha presença de atriz, e identifiquei as palavras que descrevem a minha experiência: "força condutora", para indicar o que orienta a construção de um espetáculo normalmente pensado unicamente como direção; o "coração da ação", para o que contém o segredo da vida cênica de uma ação; o "corpo que respira", para a energia que se propaga e retorna do espaço.

Aspiro ser uma atriz inteira, sem divisões artificiais entre corpo, mente, imaginação, sentidos, emoção e reflexão. Minhas ações físicas e vocais destinam-se a ter um efeito sobre o espectador. Para o meu trabalho como atriz, a dramaturgia é a ferramenta que ajuda na organização do comportamento cênico, ela é a lógica com a qual se encadeiam as ações, é a técnica para agir de modo real na ficção. Como atriz, passei por diferentes fases que mudam de importância e prioridade de acordo com o estágio de trabalho e de desenvolvimento em que me encontro. Esses estágios são a construção da presença, a criação de um comportamento cênico através da improvisação ou da composição, a memorização dos resultados e sua repetição, a interpretação do texto e da personagem, a elaboração dos materiais fixados, e as reapresentações do espetáculo. Cada uma dessas etapas recebe uma dramaturgia específica que parte de mim, e é essa experiência que tento transmitir nas demonstrações de trabalho, dando indicações que podem ser úteis para individualizar um caminho próprio e autônomo, consciente de que isso nunca substituirá a experiência direta e que não ensinam a "fazer".

A qualidade particular das demonstrações consiste em apresentar simultaneamente o processo e o resultado, e é justamente essa característica que representa para mim, enquanto atriz, o maior desafio. Tenho que recordar-me de todas as fases e etapas do processo, sublinhando a sua simplicidade, monotonia e, muitas vezes, a sua banalidade, e atingir ao mesmo tempo a qualidade convincente do resultado que depende justamente da assimilação da técnica a ponto de poder esquecê-la. Em geral, antes de apresentar um espetáculo aos espectadores, as diferentes fases do trabalho são incorporadas de modo que não se precise mais pensar nelas. Para uma demonstração, no entanto, tenho que lembrar e esquecer ao mesmo tempo.

Um dos espectadores que viu *O Eco do Silêncio*, a minha primeira demonstração, foi um açougueiro de uma pequena cidade provincial. Ele me disse: "Agora sei que também as atrizes têm um ofício". Para ele foi incrível descobrir o trabalho e o suor em um mundo que ele imaginava ser feito só de inspiração e talento. A espetacularidade da demonstração consistia em revelar em cena a realidade concreta dos detalhes e estratagemas que estão submergidos no teatro.

Com as demonstrações de trabalho procuro indicar várias formas de pensar e proceder ao invés de transmitir um método repetível. O meu ponto de vista e a minha experiência são subjetivos. Um método tem sabor de objetividade, enquanto ofereço apenas o testemunho próprio de um processo, com a esperança de que as informações possam inspirar processos de outras pessoas. Sei que quando apresento uma demonstração de trabalho, mesmo se eu falo sobre a técnica e a mostro, a informação substancial é somente aquela que se pode encontrar e seguir no seu próprio caminho pessoal; não repetir ou imitar diretamente o que é mostrado, mas sim aprender com a sua própria intuição e necessidades.

Em 1987 viajei à Índia. Eu estava longe do teatro e das pessoas que me conheciam como atriz. Um rapaz ensinou-me uma canção. Cantei-a sem pensar se funcionaria cenicamente, com a minha voz tímida e reservada. Percebi que a partir daquele momento também a minha voz teatral tinha mudado fundamentalmente. Pela primeira vez, baseava-me em minha voz pessoal e privada para me preparar para o próximo espetáculo com o Odin Teatret, *Talabot*. Essa canção também foi a inspiração para *O Eco do Silêncio*, uma demonstração vocal nascida posteriormente para dizer como os problemas e as dificuldades podem ser um estímulo criativo. A minha voz tremia e bloqueava-se, para mim era difícil falar com alguém sentado ao meu lado no carro ou falar ao telefone: essas questões foram o ponto de partida para inventar estratégias sonoras e musicais para restaurar a confiança à minha voz. A viagem para longe da técnica ajudou-me a descobrir *as minhas* técnicas.

Mas as primeiras experiências de demonstração remeteram-me a quando mostrávamos nosso treinamento em público.

O espectador que mais me assustava era o diretor, Eugenio Barba, que, durante os anos do meu aprendizado, não seguia diariamente o treinamento de suas atrizes. Eu não entendia por que, quando ele estava, eu suava mais e o tempo passava muito mais rápido. No início sentia-me deslocada porque os espectadores podiam assistir a um trabalho que era tradicionalmente fechado, não destinado a pessoas externas, mas logo percebi que poderia usar os seus olhos para me causar reações que surpreendiam a mim mesma. A necessidade de convencer e atingir aqueles que assistiam ajudava-me. As demonstrações eram uma maneira de responder concretamente às perguntas que eu me colocava, obrigando-me a ser eficaz, clara, sucinta e determinada.

No Odin Teatret cada espetáculo teve suas demonstrações para explicar o processo de criação, debruçando-se especialmente nas dificuldades. Isso foi particularmente desenvolvido com o espetáculo *Mythos*, para o qual todo o grupo preparou uma demonstração dedicada ao trabalho vocal e aos textos, outra à música e outra ainda às personagens. Nessas demonstrações as atrizes tiveram a possibilidade de mostrar muitas das cenas e dos seus materiais que foram cortados da montagem final. Reapareciam fantasmas do passado, aqueles que tinham nutrido o espetáculo de uma seiva vital invisível aos espectadores. Apresentávamos os obstáculos e as frustrações, e as alterações subsequentes, e o impacto que essas condições geraram individual e coletivamente nos ensaios. As demonstrações testemunhavam a singularidade do processo, ou como o "método" consistia em proteger as suas próprias necessidades e alavancar os próprios conhecimentos em face de circunstâncias que não dominávamos.

Outra pergunta recorrente nos diálogos com os espectadores depois das minhas demonstrações era: "Como Eugenio Barba trabalha com as atrizes?". Essa pergunta foi o impulso para criar *O Irmão Morto*, uma demonstração que trata da elaboração do diretor a partir de um texto e dos materiais cênicos apresentados por mim como atriz. Era um período difícil de encontrarmos tempo para trabalhar junto a Eugenio e fazê-lo se interessar por novos projetos.

OS VENTOS QUE SUSSURRAM, JULIA VARLEY

Então vendi umas sessões de trabalho aberto ao público. Peguei um poema, preparei uma cena e a apresentei a Eugenio pela primeira vez em público, em Bari e, depois, no Rio de Janeiro. Esse processo repetiu-se três vezes, agregando novas poesias e um figurino. Eu preparava as cenas em quartos de hotéis, usando pouco espaço, buscando diferentes pontos de partida para mostrar como produzir materiais. Depois, em frente aos espectadores, Eugenio trabalhava com o que eu mostrava. O ambiente externo influenciava em suas escolhas, o que direcionava o resultado final. Em Holstebro preparamos a cena final e discutimos por muito tempo para escolher as palavras exatas que explicassem o processo. O texto explicativo dessa demonstração era decorado, ao contrário dos outros que pouco a pouco se formalizam, exatamente porque as palavras eram tanto minhas quanto do diretor.

Os Ventos que Sussurram é uma demonstração dedicada à relação entre teatro e dança, realizada com quatro atrizes e três músicos do Odin Teatret, montada após as demonstrações individuais

OS VENTOS QUE SUSSURRAM, JULIA VARLEY, ROBERTA CARRERI,
TORGEIR WETHAL, IBEN NAGEL RASMUSSEN

que havíamos preparado para a décima sessão da ISTA, em 1996. Enquanto preparava a minha contribuição ao tema tratado, eu sofria uma forte influência de um seminário conduzido por mim a coreógrafos e dançarinos, alguns anos antes. Naquela ocasião fiquei fascinada com as diferentes terminologias utilizadas no teatro (ação) e na dança (movimento) e buscava compreender as suas implicações sem recorrer à comum distinção entre as referências psicológicas e corporais. Eu também queria salientar a importância que a música e os impulsos sonoros têm para mim no ato de criar, repetir e manter cenicamente vivas as minhas ações. Ao definir a dança como ação acompanhada por uma música, dei-me conta de que sempre danço em cena, mesmo quando não me movo e enquanto digo um texto.

Outra pergunta recorrente era: "Como vocês trabalham com mais atrizes e atores?". Tage Larsen retornara ao Odin Teatret após uma pausa de dez anos. Ele esteve afastado no período em que alguns de nós tínhamos preparado demonstrações de trabalho e, ao assisti-las, ele lamentava que não havia exemplos de relações em cena. Eu queria oferecer-lhe a oportunidade de trabalhar com um texto de Shakespeare (a sua paixão) e dar uma contribuição concreta para as suas críticas. Dispus-me a criar uma demonstração com ele sobre o processo em andamento em um diálogo com um ator e uma atriz com um texto clássico. Nós escolhemos uma cena de *Otelo*. Mas desde o início insisti que Tage fosse o responsável por esse trabalho. A demonstração *Texto, ação, relações* é dele: apenas o acompanho. Essa demonstração de trabalho é uma forma concreta de agradecê-lo por ter sido, há muitos anos, meu mestre.

Em junho de 2005 eu estava em Caulonia, um vilarejo no sul da Itália, para a décima primeira sessão da Universidade de Teatro Eurasiano, cujo tema foi "Texto e teatro". Eu me irritava porque muitas horas eram gastas falando-se sobre falar. Eu precisava fazer. Ao sol, entre as oliveiras, tomando cuidado para não me encontrar com víboras, treinava a minha voz. Passava os textos dos espetáculos em busca do meu ponto de vista sobre

O IRMÃO MORTO, JULIA VARLEY

a discussão e olhava um lagarto que comia um outro. Quando apenas se via a cauda saindo de uma pequena boca gigantesca, eu controlava o meu horror cantando ao vale em frente a mim. À distância, onde acabavam as colinas queimadas de sol, havia o mar, que desaparecia no azul do céu. Eu imaginava que as canções de Sherazade que eu cantava em árabe atravessavam o Mediterrâneo para retornar à casa.

Também durante aquela sessão da Universidade de Teatro Eurasiano, em Caulonia, assistimos a um vídeo de um dos espetáculos de Carmelo Bene, um ator italiano conhecido por sua interpretação de textos. Carmelo Bene colocava seus textos sobre uma estante de partitura instalada no meio do espaço e usava-a para mudar a direção de seu olhar, como se a sua grande versatilidade e expressividade viessem diretamente das palavras escritas que estavam em sua frente. Eu queria experimentar isso em mim mesma e procurei uma estante para a demonstração que eu havia prometido fazer. Sem o apoio dos figurinos e da cenografia, eu poderia acompanhar meus textos com suas ações reduzidas, a fim de adaptá-las a um espaço muito menor.

A ideia inicial era a do texto como tapete. Eu não tinha um comigo, então decidi usar um pedaço de pano balinês. Coloquei a estante sobre o pano-tapete, que eu já imaginava voador, e pensei em usá-la para mostrar como movo a marionete chamada Sherazade no espetáculo *O Sonho de Andersen*. Peguei o pano por duas pontas como se fossem as mãos de Sherazade. O texto final da demonstração era proveniente da cena em que Sherazade voa, disparam contra ela e subitamente ela cai, partindo-se em dois. Era fácil fazer o pano voar, mas o que poderia dar o efeito equivalente à irreparável queda?

Carmelo Bene tinha ao seu lado um copo de água. Pensei em colocar um copo de água sobre a estante. Enquanto Sherazade voava, ela poderia empurrar a estante quebrando o copo na queda. Eu ainda não tinha claro o final da demonstração enquanto dirigia-me para a sala onde me apresentaria. Havia restos de construção do lado de fora da entrada. Sim! As pedras e a areia poderiam dar a imagem do texto que fica morto no chão enquanto a vida do texto escapa voando para longe como um tapete mágico. Enchi um copo com pedras e areia, coloquei o copo sobre a estante como se fosse água para beber, e decidi rapidamente como eu o faria cair no final. Ao fazer essa ação no palco, em frente aos

espectadores, o silêncio súbito e o choque repentino que senti me fizeram reagir cantando muito lentamente uma das músicas árabes de Sherazade. Enquanto eu dobrava o tecido, sabia que a demonstração havia terminado; eu havia mostrado e explicado, mas o verdadeiro significado voava longe em um tapete.

TEXTO, AÇÃO E RELAÇÃO. JULIA VARLEY. TAGE LARSEN

MULHER DE PRETO EM *O MILHÃO*, GUSTAVO RIONDET,
JULIA VARLEY, TAGE LARSEN, FRANCIS PARDEILHAN

capítulo 2

PERSONAGENS MAIS OU MENOS REAIS

SHERAZADE: Eu sou uma personagem? Não sei. Sou uma marionete. No espetáculo *O Sonho de Andersen*, chamaram-me de **Sherazade**, aquela que contava as suas histórias toda nua, sentada na beira da cama. Julia, a minha atriz, guiava os meus movimentos para acompanhar os de outra marionete que se assemelhava a Hans Christian Andersen, o escritor dinamarquês. Entrávamos em cena para brincar com a neve depois que as outras personagens haviam saído. Eu dizia: "As atrizes se foram e esqueceram-se de nós. Saltemos na garupa de nossas histórias e vamo-nos ao galope. Cantemos como pássaros na gaiola e rezemos para viver, cantar e contar contos antigos". Um amigo estudioso de teatro, Nando Taviani, explicou-me que uma personagem de teatro é quase sempre como aquela de um conto, mas no teatro a personagem fala e move-se na ausência do autor.

JULIA: No teatro uma personagem pode intervir sem o autor, mas não sem atriz!

SHERAZADE: Nando Taviani disse ainda que Aristóteles sugeriu imaginar uma história contada com todos os seus fatos e figuras e que, após imaginar, a pessoa que conta desaparece. As protagonistas e suas questões permanecem sozinhas no espaço, sem que ninguém mais defina o significado e o valor de suas ações. A essência do teatro está toda aqui. Nando Taviani recordara também que Luigi Pirandello usou essa diferença entre narração da ação e representação da ação em *Seis Personagens à Procura de um Autor*. As personagens daquele conto não têm autor. Uma das seis personagens de Pirandello – o Pai – explica ao diretor de teatro e às atrizes que ela é a mais *real* delas, que acreditam ser criaturas *reais* e não imaginárias. As personagens são imutáveis, explica ele, e não mutáveis como as mulheres e os homens de carne e osso.

JULIA: Mas, para serem vistas e ouvidas no teatro, mesmo as personagens precisam de carne e osso, não? Você mesma, para existir, precisa de alguém que a mova. Você também precisa de espectadores, para que a sua existência tenha um sentido.

SHERAZADE: É verdade, não sou eu que decido o sentido. Eu nasci da fumaça dos fósforos que tinham sido apagados. As minhas histórias pertencem à realidade dos contos de fadas. Eu as invento infinitamente para continuar a viver. Hoje, Julia, para contar, imagino todas as suas personagens reunidas aqui conosco, apesar das suas diferenças de idade.

JULIA: Impossível! Personagens de diferentes espetáculos não podem se encontrar!

SHERAZADE: Quem as impede? Você, Julia, a nossa atriz? O nosso grupo de teatro, o Odin Teatret? O diretor, Eugenio Barba? Os espectadores? Os historiadores de teatro? Eu não me rendo assim tão facilmente! Experimentemos! E eu preparo os figurinos sob uma medida que também caia bem em mim.

Caras personagens, deixem-me apresentá-las: **Mulher de Preto, Mulher de Branco, Ilse Peachum, Joana d'Arc, Kirsten Hastrup, Mr. Peanut, Doña Música, Dédalo, Saxo Gramaticus, Cloto, Nikita**. Onde podemos nos encontrar? Em uma festa?

JULIA: Não, eu particularmente não gosto de festas, como todos sabem.

SHERAZADE: No teatro?

JULIA: Pouco original, vocês estão sempre no teatro!

ILSE KOCH/SRA. PEACHUM EM *CINZAS DE BRECHT*,
JULIA VARLEY, TORGEIR WETHAL

ILSE KOCH/SRA. PEACHUM EM *CINZAS DE BRECHT*, JULIA VARLEY, TORGEIR WETHAL

    SHERAZADE: Em um restaurante?

    JULIA: Não é o estilo de vocês, pois não comem comida de *verdade*, mesmo quando está deliciosa...

    SHERAZADE: Mas **Dédalo** saboreava o vinho tinto em pé atrás da grande mesa de *Mythos*, encoberta pela toalha branca bordada e decorada com folhas de outono. Brindava-se a um convidado ausente, uma pessoa querida que havia morrido. **Dédalo** ainda estava vestido de preto antes de colocar as calças e a jaqueta dourada e de pôr um véu sobre o seu rosto. E até **Joana d'Arc** bebeu do cálice para depois cuspir sangue na Última Ceia, juntamente com as outras personagens de *O Evangelho Segundo Oxyrhincus*. Você não se lembra de quando os pescadores borrifavam cerveja em **Kirsten Hastrup** e batiam nela com peixe cru, depois de haver lhe oferecido café islandês em *Talabot*? Diferente de **Mr. Peanut**, que tem o hábito de roubar sorvete das crianças na rua, enquanto **Nikita** contenta-se em beber as gotas d'água que pingam do bloco de gelo que derrete e marca o tempo em *A Vida Crônica*.

    JULIA: Mas as personagens nunca comeram de *verdade*! Seria estranho vê-las sentadas juntas à mesa. Por que elas deveriam fazer isso? Por que misturar as urgências *reais* com as necessidades da ficção? Como atriz eu quero ser, sem representar. Concentro-me em minhas ações reais, que não são necessariamente realistas. E isso apesar de o meu comportamento tornar-se ficção no instante em que recebe o nome de uma personagem. É difícil dizer se aquilo que faço é *real*, porque é real e ficção ao mesmo tempo.

SHERAZADE: Quantas perguntas inúteis! E se cavalgássemos junto com suas personagens?

JULIA: **Mr. Peanut** é o único que já andou a cavalo, vestido de noiva; as outras personagens não sabem calvagar! Deve ser porque uma vez **Mr. Peanut** vendeu um barong balinês no mercado de cavalos de Lampeter, no País de Gales, que ele se sente tão à vontade entre esses animais. Embora **Joana d'Arc** galope como um potro e **Dédalo** use um chicote, eles nunca se aproximaram de cavalos *reais*.

SHERAZADE: Podemos tomar um ônibus juntos, ir ao mar, deitar na praia e cantar ao sol enquanto ele desaparece sob as ondas.

MR. PEANUT: Já fizemos isso! Pense em outra coisa, **Sherazade**. Ônibus, caminhões, aviões... geralmente Julia coloca-nos em caixas e malas para poder viajar. Portanto, preferimos esquecer essas experiências, e nisso não somos diferentes de você, **Sherazade**. E se nós nos encontrássemos numa conferência de uma universidade?

SHERAZADE: Oh, **Mr. Peanut**, nós sabemos que você já fez de tudo... Mas em uma conferência não podemos dizer tudo o que passa pela nossa cabeça. Devemos nos comportar bem! Ser inteligentes e pedagógicos! Seria muito entediante para muitos de vocês. O que você acha de nos encontrarmos num parque?

ILSE PEACHUM: E se chover? Nossos figurinos ficarão arruinados se molharem. Vamos ao cabeleireiro?

SHERAZADE: **Ilse Peachum**, você gosta de passar o tempo embelezando-se, mas o que fariam no cabeleireiro **Mr. Peanut** ou **Saxo Gramaticus**, ambos completamente carecas? Eles teriam que pegar emprestado a alva cabeleira de **Doña Música**, sem que ela receba em troca os cabelos negros da **Mãe**, como em *Kaosmos*. **Doña Música** fica com ciúmes quando vê seu cabelo sendo usado por **Mr. Peanut** no final de *As Borboletas de Doña Música*: inútil fazê-la sofrer desnecessariamente. **Kirsten Hastrup** não pode pentear-se

JOANA D'ARC EM *O EVANGELHO SEGUNDO OXYRHINCUS*. TAGE LARSEN, FRANCIS PARDEILHAN, JULIA VARLEY.

porque seu cabelo esconde as penas que ela dará à luz como filhos e que ela depositará no ninho que quebrará no momento do divórcio. **Nikita**, então, que deve manter o cabelo coberto com várias camadas de xales, o que faria no cabeleireiro? Esqueçamos o salão de beleza! É melhor fazer uma massagem: a nossa atriz sempre precisa.

JULIA: Mas massagem é feita em privado!

SHERAZADE: Então em que outra situação as pessoas *reais* encontram-se? Em um museu?

MR. PEANUT: Para admirar outra vez, como sempre, as mesmas estátuas de Giacometti ou Rodin? Ou sonhar em se tornar parte de uma pintura de Chagall? Permaneceríamos em silêncio diante de tanta excelência e esplendor. Nós, personagens, preferimos um pouco de imperfeição. Nossa força é a vulnerabilidade: queremos ser humanos, não monstros de bravura! E no metrô?

SHERAZADE: Nova York, Paris, Tóquio, Milão, Cidade do México... esmagados pela multidão como quando espremidos dentro de nossas malas... não! E na sala de espera de um dentista?

ILSE PEACHUM: Eu não preciso de dentista, o meu sorriso é perfeito, doce e amável como os maus pensamentos que escondo. **Cloto** está atrás de um véu preto, de modo que não importa a ela se seus dentes brilham entre os lábios pintados de preto. **Mr. Peanut** já foi ao dentista, de um hospital militar em Córdoba, Argentina, para colocar um incisivo novo. Ele tem a tendência de se envolver em arrelias com soldados, mas por que envolver também o resto de nós nesse tipo de aventura? E que tal numa igreja?

SHERAZADE: Mesmo que eu fale sempre em voz baixa pela minha pequena estatura, seria na verdade difícil demais sussurrar o tempo todo, como se deveria fazer numa igreja. Para sentirmo-nos à vontade, teremos, ao invés disso, que construir um lugar onde fazer as danças das diversas divindades da natureza e manifestar as suas energias.

JULIA: Bem, vamos fazer um passeio sob o convés de um navio como em um filme! Vocês fizeram isso para celebrar o cinquentenário do Odin Teatret, em um navio chamado *Talabot*.

SHERAZADE: Não! Não! Não! **Kirsten Hastrup** viajou tanto como antropóloga que agora prefere ficar em casa. **Cloto** também está cansada de caminhar em frente à procissão festiva do casamento de **Medeia** e **Jasão** e suas respectivas famílias. Se as personagens saírem para passear, o diretor, Eugenio, lhes pedirá para variar os

...VANGELHO SEGUNDO ...CARRERI, ...IAL, JULIA VARLEY, TAGE LARSEN

KIRSTEN HASTRUP EM *TALABOT*, JULIA VARLEY

passos e improvisar, fixar, elaborar, lembrar e repetir... Não! Não! Não! Ainda bem que eu não tenho pés!

Poderemos reunir-nos em um capítulo de um livro ou em uma nova demonstração de trabalho! Desse modo você, Julia, ficaria muito feliz. Finalmente terá uma tarefa a menos para se preocupar entre outras que se deu e que não tem tempo para terminar!

Primeiro de tudo, cada personagem deve se apresentar, como num encontro de verdade. Prosseguiremos por ordem de idade.

MULHER DE PRETO: Eu, a **Mulher de Preto**, nasci em 1978 e cresci em *O Milhão*. Para aqueles que escrevem relatórios, morri oficialmente em 1984. Eu fazia uma dança acrobática com o **Homem de camisa rosa**. Proclamava poemas e tocava trombone. Eu sempre tinha os olhos arregalados de medo. O meu vestido de renda preta costurada à mão era mexicano, o mesmo que emprestei a **Mr. Peanut** para *Ode ao Progresso*. Como Julia ainda consegue entrar nele é realmente um mistério, tenho certeza de que prende a respiração! Eu era jovem e romântica: acreditava na boa vontade e nos seres humanos. Adorava a batucada, uma percursão ao ritmo do samba, em que eu tocava agogô. Durante a cena da procissão fúnebre, onde caminhávamos em pares, eu segurava as lágrimas que minha atriz induzia, respirando com os olhos. A minha personalidade foi formada ouvindo músicas de marcha e dançando seguindo os seus ritmos. Eu procurava não me soltar nunca das mãos do **Homem de camisa rosa**: era meu herói e meu mestre, ainda que Julia e Tage – a atriz e o ator – brigassem muito sobre quem deveria conduzir a dança. No final do espetáculo *O Milhão*, eu estava ao lado de **Marco Polo**, que havia trocado o seu figurino de sacerdote por um fraque elegante. Eu mostrava aos espectadores o facão com o qual **Marco Polo** tinha cortado as pernas de **Andrógina** – a mulher sobre pernas de pau e cabelos de penas de avestruz – e sorria.

ILSE PEACHUM: Eu sou **Ilse Peachum**. O meu nome é composto pelo de Ilse Koch e da Sra. Peachum. Ilse Koch era a esposa de um comandante de Buchenwald, um campo de extermínio nazista. Ela era chamada de "bruxa" pela sua crueldade. Ela tinha em casa abajures feitos de tatuagem da pele dos prisioneiros. Ela pertence à história e *realmente* existiu. É um dos exemplos de como a realidade faz o que a ficção não se atreve nem a imaginar. Ao contrário, a Sra. Peachum – mãe de Polly Peachum – é uma personagem que viveu somente em *A Ópera dos Três Vinténs*, de Bertolt Brecht. A nossa atriz sabia da existência de ambas as mulheres, mas eu não pensava nelas enquanto intervinha no espetáculo *Cinzas de Brecht*. Eu nasci em 1980. Pertenço à época em que o Odin Teatret começou a se apresentar em turnê com diversos espetáculos ao mesmo tempo. Como a **Mulher de Preto**, morri em 1984, quando algumas atrizes deixaram o nosso grupo. Eu costumava passar o tempo a pentear-me, maquiar-me e a sorrir. Vocês não podem imaginar o quão fatigante é ser bonita e gentil! Eu também tocava trombone, mas não a música de circo da **Mulher de Preto**: agora eu executava "O Inverno", de *As Quatro Estações*, de Vivaldi, e melodias que incitavam ao ódio e à guerra. Eu usava calças japonesas com boca larga, botas longas com cadarços, uma camisa branca bordada nas mangas e um colete. Julia era forçada a enrolar o seu cabelo todos os dias, para que o meu cabelo ficasse macio, liso e arrumado, como ela faz ainda hoje para o espetáculo *Dentro do Esqueleto da Baleia*. Por trás do meu sorriso escondia ressentimento e frustração. Eu levava uma bolsa preta que continha um espelho, maquiagem, um pífano de metal e um laço para amarrar o pano sobre o cabelo negro de **Marie Sanders**, a puta dos judeus. Agarrava-me à bolsa. A minha atriz era noviça: queria fugir e se esconder. Então, para encorajá-la, eu tentava assemelhar-me à Virgem sorridente de um quadro pendurado na entrada do orfanato em Trappeto, na Sicília.

JOANA D'ARC: Eu, **Joana d'Arc**, nasci em 1985 com a energia de uma potranca para expressar a força explosiva da juventude em contraste com a sabedoria dos velhos. Quando todos os panos vermelhos do espetáculo *O Evangelho segundo Oxhyrincus* foram levados finalmente ao sótão, submeti-me ao destino de ser queimada para sempre em um incêndio de fitas coloridas. Era 1987. Era divertido ser rebelde. Eu estava vestida de amarelo e o meu figurino era enfeitado por uma rédea antiga de couro e prata. Julia ficava contente em usar sabão de sela para limpar os cintos: lembrava-lhe sua infância. Eu usava um chapéu de cangaceiro, e levava ataduras e esporas nos pés. Aliosha Karamazov e um jarro de água que derramava me inspiraram no trabalho da voz e no meu modo de me mover. Eu refiz a *verdadeira* Joana d'Arc e Morgana, a feiticeira da lendária Távola Redonda. Eu corria, saltava e carregava uma bandeira feita de uma camisa branca, adornada com flechas envenenadas dos índios Yanomamis, esporas, fitas vermelhas como filetes de sangue e um coração vermelho de plástico que batia, iluminando-se. A bandeira era uma arma e um apoio que eu colocava de lado só para falar com os anjos em copto, a língua dos primeiros cristãos, no Egito.

KIRSTEN HASTRUP: A *verdadeira* Kirsten, nascida na Dinamarca, pensava que eu era um "não-não-eu". Ao contrário, eu – **Kirsten Hastrup**, personagem – nasci entre as praias de Kerala, na Índia, e de Iucatá, no México. A minha origem em lugares longínquos condiz com a personagem que os espectadores do espetáculo *Talabot* reconheciam como a antropóloga dinamarquesa contemporânea Kirsten Hastrup. Eu vivi de 1988 a 1991. Sou o tipo de personagem que não consegue ficar longe de seu próprio ambiente. Não seria capaz de deixar o meu espetáculo, como fizeram **Mr. Peanut** e **Doña Música**. Eu existia porque caminhava, dançava, falava, cantava, jogava folhas, pisava em conchas, dava à luz três penas azuis e uma rosa,

MR. PEANUT EM
O CASTELO DE HOLSTEBRO,
JULIA VARLEY

MR. PEANUT NA PONTE DE BROOKLYN

quebrava um ninho em dois, me graduava adornada com uma coroa de fita vermelha que se desenrolava rapidamente, cobria o rosto com um tomilho, e tocava flauta e acordeão em *Talabot*. Eu usava um terno de algodão branco, joias azuis, sapatos com saltos e um lenço de seda colorido no pescoço. As unhas eram esmaltadas em cor-de-rosa. A minha verdadeira guia e companheira de aventura era a voz. Para mim, tudo começava pelo som: salmos dinamarqueses, cantos tiroleses austríacos e africanos, canto de pastores sardos, cantigas infantis inglesas, uma canção indiana sobre cerveja. À diferença das outras personagens ao meu redor, eu me permitia falar e cantar com uma voz doce e tiritante. Em uma cena, com botas de borracha nos pés e um espesso cachecol de lã no pescoço, eu tocava um sino tibetano e acompanhava os seus harmônicos com os meus. Eu interrompia a atmosfera meditativa com movimentos inspirados no som do motor de um barco tailandês quando este se levantava da água profunda com um bastão de metal para poder mudar subitamente a rota nos canais de Bangkok. Na cena final de *Talabot*, escondida atrás dos espectadores, eu gritava atormentada os versos de um salmo dinamarquês. Voltava sorrindo em cena com um buquê de flores coloridas. No centro queimavam-se ainda todos os objetos usados no espetáculo, que eram reduzidos a restos carbonizados e cinzas. O **Anjo da História** tinha deixado as suas asas sobre os escombros ao lado de um barquinho de madeira. Tudo tinha desaparecido, como um punho quando se abrem os dedos da mão.

MULHER DE BRANCO: Nem sempre pensam que eu, **Mulher de Branco**, tenha uma identidade própria, porque sou o resultado de uma montagem de outras personagens. Tenho aderido ao comportamento delas, removendo algumas palavras do que diziam, mudando a posição das mãos, usando tudo o que foi jogado fora durante os ensaios dos outros espetáculos. Em *O Castelo de Holstebro* estou vestida de branco para recordar **Ofélia**, a jovem que recolhe flores perto da água. Adaptei o meu vestido ao *verdadeiro* passar dos anos da minha atriz, adicionando laços cinza e um xale vermelho, mas continuo a dançar e a sorrir com a inocência da juventude. Em Fortaleza, um espectador – uma criança – perguntou ao pai por que essa velha atriz pulava tanto. O meu castelo, decorado com um tapete vermelho, está em Holstebro, Dinamarca, e não em Elsinore, como aquele de **Hamlet**. Ao longo dos anos, ele passou a ser cada vez menor e intimista, para lembrar o quarto só para si de Virginia Woolf. Dialogo com **Mr. Peanut**. Falamos de amor e às vezes identifico-me com ele, enquanto ele transforma-se de gigante em um homem de fraque, e num bebê que eu aninho em meus braços. Cubro meus olhos e minha boca de margaridas, rasgo uma carta azul, me cubro com um xale preto, mostro os dentes cariados de uma velha que solta um grito tão agudo e estridente que chega a incomodar os ouvidos.

DOÑA MÚSICA: Eu sempre começo o espetáculo *As Borboletas de Doña Música* apresentando-me: "Eu sou **Doña Música**, sou a personagem do espetáculo *Kaosmos*". Assim os espectadores se confundem subitamente! Eu escrevi a novela *Vento ao Oeste*, na qual descrevo a minha gestação e o meu nascimento. Apareço e desapareço como as borboletas que solto de dentro de uma caixa preta ou que crio atando um lenço. Fugi do espetáculo *Kaosmos,* apresentado de 1993 a 1996. Eu queria que Julia prolongasse a minha vida num outro espetáculo em que eu pudesse dançar ao ritmo de uma música japonesa. Em 2015, depois de vinte anos, ainda existo! Uso um longo vestido preto, uma manta árabe bordada em prata, botas de cano curto com saltos muito altos e tenho longos cabelos brancos. Alguns pensam que sou velha, na verdade não tenho idade e me divirto fazendo caretas de recém-nascidos. Para contar eu preciso de uma poltrona e de uma mesa coberta com xales coloridos posta no meu jardim de flores brancas.

DÉDALO: Eu, **Dédalo**, sou o construtor do labirinto, o homem que voou como um pássaro. Em *Mythos*, de 1998 a 2006, cavei a rota do labirinto em um mar de cascalho. Eu alçava voo com asas de penas de galinha, movendo os braços ao ritmo de uma dança da Mongólia. Chamava o meu filho, Ícaro, e alertava-o para ficar longe do calor do sol e da umidade do mar. O meu segredo está guardado em um copo que soa como um sino e num fino cordão dourado que se desenrola infinitamente. Com esta corda, que nunca foi usada em *Mythos*, presenteei **Mr. Peanut**, no espetáculo *Ave Maria*. Permaneceram em *Mythos* apenas os fios do meu chapéu e os que adornavam a minha jaqueta brilhante, as minhas calças remendadas e minhas

MULHER DE BRANCO EM
O CASTELO DE HOLSTEBRO,
JULIA VARLEY

botas pesadas. Restou ainda um pedaço de corda com a qual eu rasgava a camisa e as calças de **Guilhermino Barbosa**, o soldado que percorreu milhares de quilômetros pelo Brasil, na histórica Coluna Prestes. Ao ritmo urgente de melodias mongóis e de versos de poesias dinamarquesas, impaciente como um pássaro que se lançará em voo, eu carregava na cena uma cesta cheia de mãos decepadas. Acompanhavam-me **Medeia** e **Cassandra**. Depositávamos as mãos sobre o cascalho e desenhávamos o longo insensato caminho das vítimas da história. Eles lembravam-me das roupas e dos fragmentos de ossos que despontavam da terra de um campo de extermínio, no Camboja. No final do espetáculo, **Orfeu** esfaqueava a sanfona, obstinada em tocar a "Internacional", e dois véus congelavam as lembranças do passado em um museu imaginário. A história transformou-se em mito, numa realidade imutável que se repete. No entanto, se um homem pode voar, estou convencido de que uma mudança é possível. Eu sou um artesão e gosto de ser prático. Gostaria de terminar com as apresentações e propor que começássemos a trabalhar. Deixemos

DÉDALO EM *MYTHOS*, FRANS WINTHER, JULIA VARLEY

os nossos colegas menores: não podemos incluir todos só para sermos politicamente corretos!

SAXO GRAMATICUS: **Dédalo**, me desculpe, mas não me considero um colega menor e há outras personagens às quais temos que dar a palavra. Eu sei que pertenço a um espetáculo do Theatrum Mundi que nem todos consideram tal como aqueles do Odin Teatret, mas me rebelo contra essa interpretação! O meu trabalho é narrar a história e levar em conta todas as circunstâncias. Saxo Grammaticus, o *verdadeiro*, foi o primeiro historiador dinamarquês que contou a história de Amleto em latim. No espetáculo *Ur-Hamlet*, em 2006 e 2009, eu levava o nome do historiador e falava nessa língua morta. Eu adicionava algumas frases em inglês ou italiano para explicar as ações principais aos espectadores, enquanto desenterrava ossos e espanava-os para decifrar os sinais da história e discernir a eterna luta para conquistar o poder. Sou cego, mas o meu olhar torto espreita visões de guerreiros e assassinos, reis traídos e rainhas denegridas. Vejo o futuro e declaro: "Amanhã, em vez de pássaros, nos acordarão

DÉDALO EM *MYTHOS*, JULIA VARLEY, TORGEIR WETHAL

DOÑA MÚSICA EM *AS BORBOLETAS DE DOÑA MÚSICA*
JULIA VARLEY

os cães". Meus passos inspiram-se nos de um ganso e de um elefante, de uma cobra e de um pavão da dança clássica indiana Odissi. Uso um casaco colorido que é moderno e antigo, botas vermelhas, e anéis com pedras preciosas de cores laranja e violeta. Sou calvo e por isso obrigo Julia a esconder cuidadosamente o seu *verdadeiro* cabelo todas as noites. Não uso microfone como as outras personagens desse espetáculo, mesmo que contemos a nossa história em espaços abertos. Aumento o volume da minha voz apoiando bem os meus pés no chão, sentindo-me grande e dialogando com a música. As minhas entonações originam-se dos cantos gregorianos. Em volta de mim movem-se dezenas de dançarinos balineses: são a corte de **Amleto** do qual evoco a história. Um deles é o rei **Fengo**, seu tio. Ele combate **Amleto**, que canta como um galo e reage como as divindades afro-brasileiras. Quando chega a **Peste**, com os detidos passos e em uma mão um típico leque do Nô japonês, todos os **estrangeiros** que penetraram na corte escondidos, rastejando ou correndo, são contaminados. **Amleto** restabelece a lei do mais forte e o meu canto agudo é suspenso sobre as vozes das outras personagens. Eu entro com um crânio nas mãos. Uma criança toca-o e jura fidelidade ao novo rei, antes de comemorar a vitória dele com sua dança guerreira.

CLOTO: Eu também, **Cloto**, sou uma personagem de um espetáculo do Theatrum Mundi, o de 2008: *O Casamento de Medeia*. Eu estava em Bali quando aprendi a andar bamboleando e comprei a coroa que serve como suporte ao véu preto que me cobre inteiramente. Eu passeava no pátio do templo, onde se escondem pequenas e venenosas cobras verdes, acompanhada pela música que eu ouvia no fone de ouvido, enquanto o diretor colocava em cena as várias personificações do ciúme. Eu era a ama de leite dos filhos de **Medeia** e **Jasão**. Os seus filhos eram dois bonecos um pouco maiores do que **Sherazade**, ligados aos meus pés por duas varas finas. Com eles eu subia na motocicleta, corria, espiava os últimos ajustamentos do vestido de casamento e o assassinato do irmão de **Medeia**. Eu ajudava **Medeia** a afogá-los, acompanhando as convulsões com borrifos de água e canções de ninar do Mar Negro. Por todo o espetáculo, como uma das Parcas, girava o destino adicionando pérolas vermelhas em um longo colar: eu contava os trágicos acontecimentos do destino humano em meio à alegre festa de casamento.

NIKITA: Mas tem eu também, a mais jovem no momento! Embora não por muito tempo... Tenho a impressão de que em breve chegará uma nova personagem. Me chamo **Nikita** e pertenço a um espetáculo do Odin Teatret, mas certamente não sou considerada nobre por isso! Ando como uma camponesa e meus braços movem-se paralelos em uníssono. Eu surjo em cena saindo de debaixo de um túnel em uma parede preta, com a minha panela, uma caixa metálica com tecidos para serem vendidos e uma pedra. Sorrio timidamente como se me desculpasse por minha intromissão. A música incita-me a correr, perguntar, observar, sentar, cantar, gritar em silêncio, carregar sobre os ombros, embrulhada em um saco plástico, a roupa que era do meu marido, enganar o **Jovem colombiano à procura de seu pai**, pendurar a minha panela no gancho de açougueiro numa casa do país das maravilhas, e tentar roubar os documentos do **Advogado dinamarquês** enquanto mostro a ele a minha pedra como moeda de troca. A música ajuda a manter-me sorrindo, alegre, ingênua, apesar dos horrores que acontecem em torno de mim. Como eu, acho que todas as personagens dançam para contar suas histórias, mesmo sentadas. Escoamos energia: queremos transfundi-la nos espectadores. Certamente *A Vida Crônica* é um espetáculo cujas personagens são repletas de vitalidade! Quando corro passando pelos espectadores e falo com eles, olhando-os um a um, observo como alguns arregalam os olhos e a boca, surpresos e curiosos, outros têm lágrimas nos olhos; alguns protegem-se das moedas que chovem do alto ou do risco de eu pisar em seus pés, outros permanecem indiferentes; alguns se esforçam para acompanhar tudo o que acontece, outros olham apenas para a frente, como se se recusassem a ver. Eu também olho sorrateiramente quando a **Madona Negra** corta a bandeira com a sua espada. Eu também, se não entendo, fico desconfiada. Quando o espetáculo termina, alguns espectadores saem deprimidos e outros cheios de otimismo. Geralmente as pessoas mais velhas são as que pensam que a porta luminosa que se abre para acolher o **Jovem** e o **Violinista** é um final desanimador. Nem tudo é o que parece! Sou uma viúva, mas não me visto de preto, de fato, o meu figurino carrega todas as cores mais vivas e descombinadas, coletadas em nove países diferentes. Eu falo em checheno. Enquanto tento ser aceita no país das maravilhas, onde as pessoas comem sem ter fome e bebem sem ter sede, conto a história de Yussup, o marido que meus pais encontraram para mim. Minhas lágrimas caem sob a forma de cartas de baralho. Os diversos reis, rainhas e valetes são amassados, furados, queimados, manchados de vermelho e de preto. Essas cartas são como fotografias. Uso-as para fechar os meus olhos. Faço-as voar, recolho-as, penduro-as em um fundo preto, desenhando com elas o contorno de uma porta, coloco-as nas mãos de **Lolito**, o boneco vestido de soldado, e mostro-as como se fossem uma carteira de identidade. São as mesmas cartas com as quais eu construo uma casa e que se tornam as asas da borboleta que, sorrindo, persigo e saio de cena.

MR. PEANUT: Não foi respeitada a ordem dos mais velhos! Como ousam me esquecer! Eu, **Mr. Peanut**, cheguei muito antes de todas vocês! E até apareci em sete diferentes espetáculos do Odin Teatret. E sobreviverei a todas, independente do que fizerem. Meu rosto esquelético não precisa de cuidados, posso andar com pernas longas ou curtas, transformar-me de homem em mulher, tornar-me um bebê e

SHERAZADE (*O SONHO DE ANDERSEN*, 2004-2011),
KAI BREDHOLT, JULIA VARLEY

SAXO GRAMATICUS EM
UR-HAMLET. JULIA VARLEY

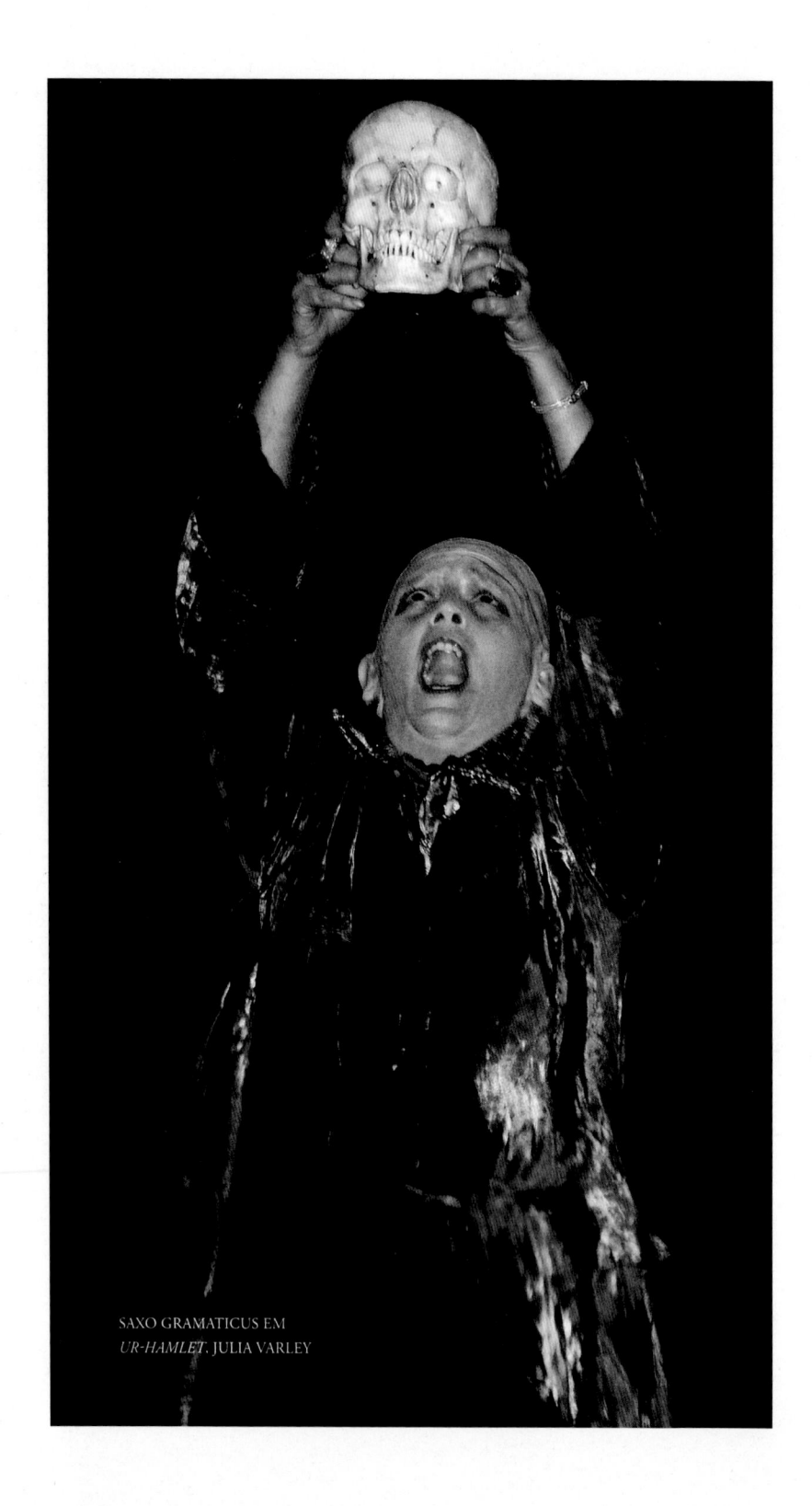

ter margaridas como olhos. Visitei tantos lugares que vocês nem imaginam. Estive a duzentos metros de profundidade em uma mina e em uma aldeia no alto da Cordilheira dos Andes, peguei carona em caminhões militares e caminhei sozinho pelos campos na Dinamarca. Quem de vocês pode dizer o mesmo? Mostrem respeito! Eu jogo, brinco, danço e rio muito, mas, quando é necessário, sei bem como assustar e ser sério. Eu represento a única realidade que cada pessoa de *verdade* teme: a morte. E, ultimamente, eu também removi a máscara, deixando apenas um véu cobrindo o rosto de Julia sob um belo chapéu de abas largas. Estou cansado porque tenho tanto o que fazer: reunir crianças, adultos e velhos para levá-los ao meu jardim e deixá-los cair em um sono perpétuo. No entanto, sou uma personagem alegre, com uma grande vontade de viver, mais do que todas vocês juntas!

SHERAZADE: Bem, agora que todo mundo se apresentou, tentemos responder àquilo que se perguntou no início! O que são as personagens teatrais? Como são criadas, do que são feitas? Nós temos que dizer algo sobre isso! Embora, na realidade, estejamos mais curiosas em conhecer o mundo que nos rodeia. Talvez eu possa tentar responder primeiro, já que sou uma simples marionete – e não uma supermarionete! Perguntam-nos se em uma personagem de teatro prevalece a ação e o comportamento, ou a emoção e a interpretação. A personagem é formada a partir de dentro ou de fora? Eu acredito que uma personagem no teatro é como a respiração. A respiração pertence ao espaço interno ou externo? A respiração existe porque põe em relação o ar com o sangue. A personagem é como o oxigênio! Está em toda parte se tem vida!

Há pessoas *reais* que refutam o teatro porque acreditam ser ele baseado em mentiras. Elas argumentam que as atrizes fingem ser outra coisa diferente de si mesmas quando interpretam suas personagens. Mas não é verdade! São os espectadores que veem o que não é! As atrizes "apresentam" e "representam", as personagens estão presentes aqui e agora e, ao mesmo tempo, despertam nos espectadores uma realidade imaginária. Se a atriz se concentra apenas naquilo que deve fazer, sem querer expressar, mas revelando algo que independe de si mesma, as personagens não se tornam uma mentira.

O teatro é o lugar onde as atrizes e os espectadores compartilham tempo e espaço: eles estão *realmente* juntos ali, ao mesmo tempo. O espetáculo tece essas presenças, a partilha é *verdadeira*, e eu acredito que é mais do que aquela da televisão e dos *smartphones*! As personagens teatrais têm dificuldade em adaptar-se ao mundo virtual da tecnologia tão querida pelas pessoas *reais* de hoje em dia. Agora, para obter informações nos aeroportos chineses, as pessoas *reais* não seguem as placas de sinalização, mas mantêm os olhos colados ao telefone. Talvez as personagens de teatro sejam seres arcaicos em processo de desaparecimento. Ou talvez resistam à passagem do tempo porque as pessoas *reais* têm uma fraqueza: elas precisam comunicar-se por meio de metáforas e imagens. O mundo *real* agressivo e triste precisa de beleza e poesia.

DOÑA MÚSICA: Desculpe-me interrompê-la, mas eu, que sou uma personagem verdadeira, sei mais que você! Não é tudo assim tão simples. Eu diria que a personagem é uma tendência a existir, um estranho tipo de entidade física bem no meio entre a possibilidade e a realidade. Os estudiosos acham que algumas atrizes identificam-se com a personagem e que outras usam o efeito de *verfremdung*, de "distanciamento". Mas eu diria que nós, personagens, somos exatamente como as pessoas *reais*: vivemos com o único objetivo de nos mantermos vivas e dar sentido à nossa existência. Inventamos mil estratégias para chegar neste resultado: caminhamos para chegar a um ponto, caminhamos contra esse ponto, nós observamos enquanto andamos e somos conscientes de que aqueles que nos olham interpretam os nossos passos de acordo com a sua própria experiência. Cada um dos nossos comportamentos é complexo, como uma emoção, cheia de contradições, automatismos, intenções, reações e comportamentos aparentemente ilógicos. É inútil tentar explicar como somos feitas, pois quem não é uma personagem nunca vai entender! Eu prefiro ouvir a qualidade e o ritmo da música de um violão, o que me permite dissolver-me num leve som, movendo-me de forma quase normal, enquanto danço dentro de mim.

MULHER DE PRETO: No meu tempo eu me concentrava em manter-me em equilíbrio, enquanto o **Homem de camisa rosa** jogava-me no ar. Seguramente eu não me preocupava com a técnica de atriz nem com a diferença entre pessoas *reais* e personagens. Eu queria apenas manter-me em pé!

DÉDALO: Uma vez um espectador perguntou por que a minha voz era tão aguda como a de uma mulher, embora eu representasse um homem. Como se nós, personagens, tivéssemos que ser exclusivamente masculinas ou femininas. Hoje em dia isso não é sempre assim nem mesmo entre as pessoas *reais*! Construo labirintos dos quais as pessoas *reais* não são capazes de escapar porque elas estão presas pela necessidade de uma compreensão racional e lógica. Elas permanecem enjauladas, enquanto nós, personagens, voamos com asas de cera, seguindo simultaneamente direções opostas, guiadas por oximoros poéticos e pensamentos que têm raízes nos sentidos do corpo.

KIRSTEN HASTRUP: Em *Talabot* a atriz esforçava-se para quebrar em duas partes iguais o ninho colado, desfigurava o seu rosto, cobrindo-o de tomilho, que lhe entrava na boca e a sufocava, mantinha o ritmo quebrado do texto enquanto, tensa em manter-se em equilíbrio sobre a plataforma, contava aos espectadores a história do divórcio. Eu escutava os sons produzidos pelas outras personagens, e olhava o meu **Pai**, em pé sobre uma plataforma no lado oposto do espaço, enquanto alguns espectadores repensavam as suas próprias experiências de separação e abandono. Uma história torna-se muitas, sem que saibam umas das outras. Nós, personagens, assim como pessoas *reais*, podemos estar totalmente envolvidas no que estamos fazendo e ao mesmo tempo ter um olhar crítico sobre as nossas ações e as suas consequências. Como as pessoas *reais*, podemos nos apaixonar loucamente e, ao mesmo tempo, perguntar-nos se vale a pena nos deixar envolver assim.

JOANA D'ARC: Busco respostas nas vozes das nuvens que correm no céu, mas ninguém entenderia o copto com o qual eu comunico o que ouvi!

MULHER DE BRANCO: Alguns espectadores pensam que apresento a história da minha atriz, e se comovem confundindo a experiência de vida de uma pessoa *real* com a sua interpretação da personagem no palco, que *realmente* rasga uma carta e depois fala como se fosse enlouquecida. Há sempre confusão entre pessoas *reais* e personagens

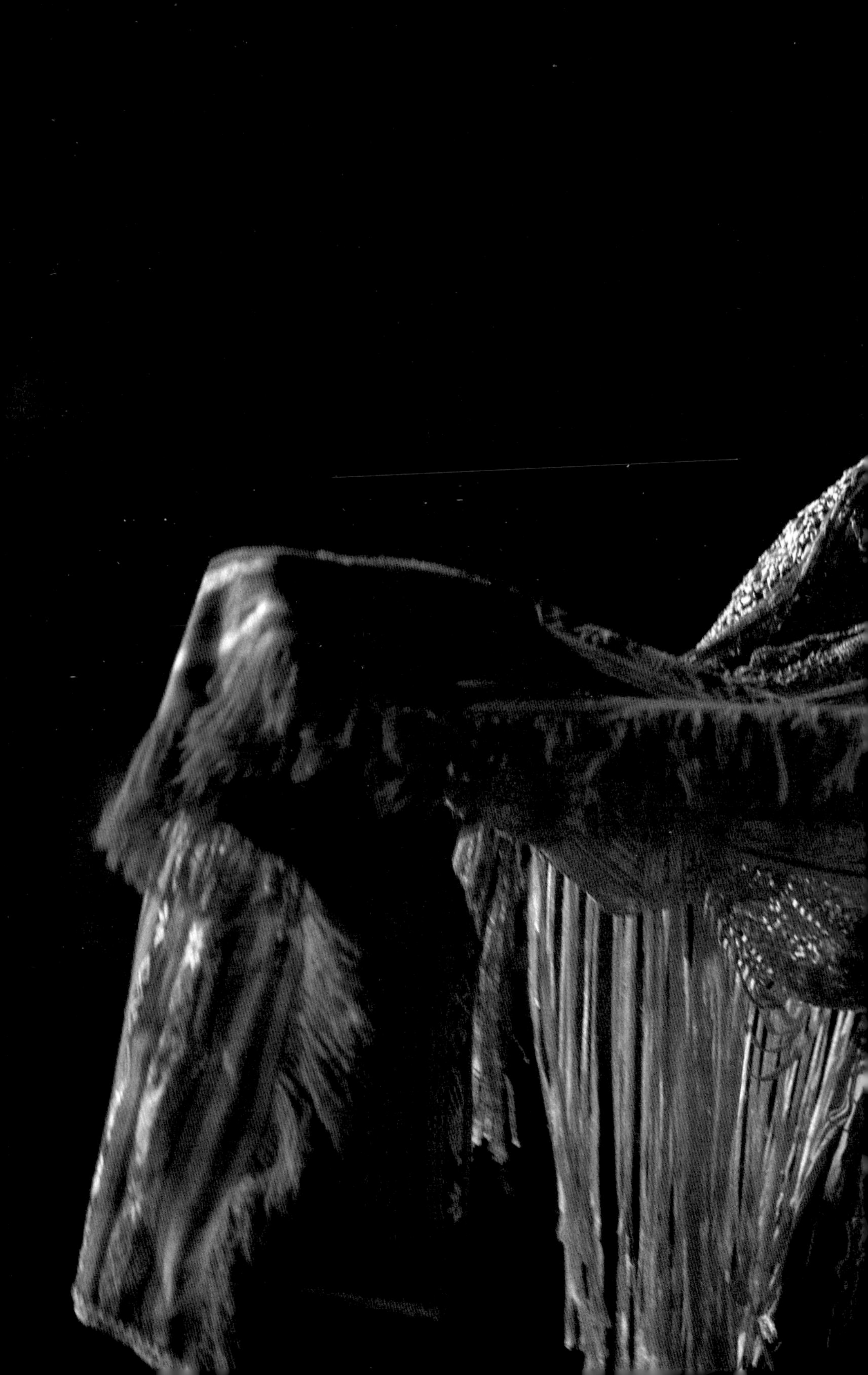

NIKITA EM *A VIDA CRÔNICA*, JULIA VARLEY

teatrais, porque as pessoas *reais* se comportam como se fossem diversas personagens em suas vidas cotidianas. Elas protejem-se com uma máscara, sem saber que no teatro a máscara revela, e não esconde.

ILSE PEACHUM: Dizem que eu era vaidosa e encantadoramente cruel enquanto fazia-me cachos com o ferro aquecido no fogão do **Cozinheiro**, onde as cebolas colocadas em uma panela com óleo quente levantavam uma coluna de fumaça, enquanto **Arturo Ui** brecava a corrida de **Walter Benjamin**, o intelectual judeu que fugia do nazismo. Eu interrompia com um sorriso doce e decidido os gritos inarticulados da muda **Katrina**, a filha de Mãe Coragem, e a fazia entregar-me as duas peças separadas de uma tesoura de alfaiate que ela tinha soado uma contra a outra, como um sino, para avisar os habitantes da Halle sobre a chegada dos soldados. O espetáculo contava episódios da Segunda Guerra Mundial ao lado da história da vida e do exílio de Bertolt Brecht e cenas com personagens de suas obras. Aqui está o cerne da nossa discussão: o *verdadeiro* sentido da ficção é a capacidade de misturar a experiência do que *realmente* acontece em cena com aquilo que as ações sugerem por associação. É uma oportunidade de se sentir tocado e refletir. Se o nosso comportamento funciona como deveria, os espectadores veem além de nós, personagens, e dentro de si mesmos. A ficção torna-se mais *real* do que a realidade. Alguma vez você já olhou para os efeitos de uma tempestade, as árvores curvadas pelo vento e as ondas do

NIKITA EM *A VIDA CRÔNICA*, JULIA VARLEY, JAN FERSLEV

mar arremessadas nas pedras, e pensou que o que estava vendo parecia uma pintura? Alguma vez você já acreditou em um conto de fadas? Os espectadores nos veem como pessoas que caminham, sentam, falam e, ao mesmo tempo, como uma representação de pessoas que fazem essas ações. Somos *reais* e não *reais*. Este é o nosso encantamento.

MR. PEANUT: É evidente que nós, personagens, somos *reais*! Na mente dos espectadores podemos viver para sempre, assim como as pessoas *reais*, mas também podemos viver no corpo de outras atrizes, mudando e transfigurando-nos continuamente. Eu não acho que as pessoas *reais* podem fazer isso! As pessoas *reais* morrem! Eu, entretanto, não posso morrer... Como poderia a Morte morrer?

CLOTO: Uma personagem de teatro vive quando ela voa para longe das páginas escritas. Esperamos que também nós possamos escapar das páginas deste livro para sermos lembradas por algum espectador.

SAXO GRAMATICUS: Escavando entre os escombros deixados pela história, descobri as estátuas de deusas e deuses que nos tempos antigos foram sacados do templo e retirados de lá. Craig pensava que as atrizes destruiam-nas na tentativa de imitá-las. Quando Julia a move, **Sherazade**, reconhece em você a sensibilidade da qual precisa, sem aspirar, contudo, ser uma supermarionete. Ela põe-se ao serviço de uma simples marionete. Nós, personagens, somos acostumadas a sentir a energia que atravessa o corpo da atriz: nasce da terra sob seus pés e irradia no espaço e entre os espectadores. A atriz é uma passagem. Num passado distante, Diderot já havia afirmado que Clairon, a mais conhecida atriz francesa do século XVIII, era uma pequena presença que movia – escondida – a grande personagem de Agripina, na tragédia de Racine. Assim, nós, personagens, podemos falar de acontecimentos da história, evocando fantasmas.

NIKITA: Mas eu vou responder com uma metáfora, e com isso gostaria de concluir a discussão. Pensem em um pôr do sol que comove quem o observa. O sol não tenta expressar algo, apenas segue o seu percurso necessário. Nasce do outro lado do mundo e carrega a esperança de um novo dia. Diante da incapacidade das pessoas *reais* de proteger o planeta, esta é a tarefa que nós, personagens de teatro, nos damos a cada vez em que entramos em cena.

CLOTO EM *O MATRIMÔNIO DE MEDEIA*, JULIA VARLEY